実践　How to Practice "Jobs-To-Be-Done"

「ジョブ理論」

ハーバード・ビジネス・スクール
クリステンセン教授　最新マーケティング理論

早嶋　聡史

SOGO HOREI PUBLISHING CO., LTD

はじめに

本書は、クレイトン・クリステンセン（ハーバード・ビジネス・スクール教授）が2016年に著し、2017年にハーパーコリンズ・ジャパンから日本語版が出版されて大きな話題を呼んだ『ジョブ理論』（原題 Competing against Luck）の内容をわかりやすく説明するとともに、その実践方法を筆者なりに具体的に提示した解説書です。

既存ビジネスのなかから新たな事業機会を見つけたり、新規事業のビジネスチャンスを見つけるための考え方や方法論を説いた書籍はいくつもありますが、その多くはなんとなく腑に落ちないものです。しかし、本書で解説する「ジョブ理論」は、顧客の購買メカニズムを「購買前」「購買の最中」「購買後」に分け、それぞれを詳細に分析することでそれを可能にしました。つまり、新たなビジネスチャンスを発見したり、場合によっては新たな市場そのものを生み出すことができる実践的な考え方です。大企業において既存事業以外の領域で新規事業を創出したい経営者や新規事業責任者をはじめ、これから起業を考えている人、既存事業の成長が鈍化して今後どのような経営をすべきか悩んでいる経営者など、新しいイノベーションを生み出したいビジネスパーソンすべてに非常に示唆を与える理論です。

著者のクレイトン・クリステンセンは代表作『イノベーションのジレンマ』（原題 The Innovator's Dilemma）で企業の衰退をテーマにした「破壊的イノベーション」という考え方を提唱しましたが、『ジョブ理論』では「これから企業がどのように顧客価値を創り出せばよいか」について提唱しています。

破壊的イノベーションの本質は、非連続的なイノベーションに対するテーマでした。企業が組織として安定すればするほど、過去から培ってきた取り組みを崩すことはできず、状況の変化を薄々感じていても同じことを繰り返します。従来とは異なるルールで市場に参入する企業が出てきても、多くの企業はその存在を認識はしていても行動を変えることができません。これが「イノベーションのジレンマ」です。このメカニズムを理解して、従来の価値観や取り組み、顧客に対する視点を変えることでイノベーションが生まれやすくなります。

既存の企業にも新しい技術や世の中のトレンドに対処する力や素質はあります。しかし、それに対応できないのは、組織とは遅行して形成されるものだからです。時間をかけて形成され、組織の取り組みがある程度定着すると、今度は新しい取り組みや筋の通った考え方であっても、従来のやり方と異なる行動に対して、組織は柔軟に対応することができなくなります。

それは、今すぐ行動を変えなくとも、これまで培ってきた既存の枠組みやビジネスモデルで現状の組織を食べさせるだけの十分な収益を見込めるからです。たとえ、将来にわたり、現行のビジネスモデルや取り組みが衰退することを推測していても、組織には慣性の法則が働き、急激に方向性を変えたり、すでにできあがった組織のルールやスタイルを変えることができなくなります。

クリステンセンは『イノベーションのジレンマ』において、合理的な判断を下した既存企業が、いかに衰退していくかを示しています。したがって、どのようにしてイノベーションを生み出すかについての言及は決して多くありません。そこで、クリステンセンは『イノベーションのジレンマ』の続編である『イノベーションへの解』(原題 The Innovator's Solution)の中で、「Jobs to be done」という言葉を用いて、イノベーションの見つけ方についての議論を始めました。

　多くの組織は、様々なビッグデータを活用して、顧客の属性や顧客が気に入った商品（製品・サービス）の特徴を探ってきました。しかし、その手法はいつまでたっても商品志向であり、顧客を中心に捉えているとは言えません。クリステンセンは、真に顧客志向になるためには、「顧客が解決したいこと」を素直に考える、つまり〝ジョブ〟についての考察と議論が重要だと指摘しました。

　法人向けビジネスを行うB2B企業も、個人向けに一般消費財を提供するB2C企業も、対象とする顧客は、日常的な仕事や生活の中で様々な問題が次から次へと発生しています。そして、顧客は時には意識的に、時には無意識に、その解決策を常に探しています。その代替策の1つとして、顧客は商品（製品やサービス）を検索し、検討しながら購買します。

　顧客にとって、商品の購入における支払いの対価は、商品そのものに対してではありません。当然のことですが、顧客にとってのゴールは「商品を購買すること」ではなく、商品を使用する過程において「自らの問題を解決する」ことが目的です。したがって、企業は顧客の購買にフォーカスすると同時に、その後の使用においても注意深く観察することが大切です。

企業は個人の問題解決を行うために、徹底的に顧客にフォーカスして、顧客志向に徹していました。そして、顧客の問題を解決する商品を試行錯誤しながらつくりあげます。やがて、その商品が多くの市場に普及しはじめると、企業は成長を追求するためにさらに販売を強化しようと考えます。そして、企業は商品の販売と成長とともに、既存顧客の問題にフォーカスすることから、顧客を極端に大きなかたまり、あるいは集団として捉え、分析しはじめます。

その結果、顧客を基本的な属性や購買された商品の特徴に着目して細かく分析します。しかし、この作業を繰り返す度に、かえって顧客から遠ざかります。さらには顧客が商品の購買を通じて考えていることや、購買後の実際の使用についてどのような状況になっているかなどの理解を深める取り組みがおろそかになるのです。

企業は「誰が買うのか?」や「顧客は何を買うのか?」という質問に対して分析を進める一方で、「顧客はなぜ買うのか?」あるいは「購入後、どのように使用して問題を解決しているのか?」について真摯《しんし》に答えを見つける作業を見失っていくのです。

企業は、表向きは「顧客の問題解決が重要だ」「顧客志向こそが今後のカギだ」と唱えています。しかし実際は、顧客の問題解決に対する興味よりも、商品の販売や売上の管理に対して意識が集中しはじめます。

こうなると、顧客の購買前後の状況を理解して問題解決にフォーカスするよりも、顧客が「購買する瞬間（ビッグハイア）」に組織の意識が集中します。購買と同時にPL（損益計算書）で言うところの売上が計上されるからです。そのため、無意識に顧客の購買を企業のゴールと勘違いしてしまうのです。

商品購買そのものを目的とする顧客はコレクター以外は稀であり、商品は顧客の何らかの問題を解決するために購入され、顧客はその商品を活用する過程で問題を解決していきます。当たり前のことですが、顧客にとって購買は問題解決のスタートにすぎず、「購買後の使用（リトルハイア）」が実質的には大切なのです。

したがって、「顧客がなぜ買うのか？」や「購入後、どのように使用して問題を解決しているのか？」について正面から掘り下げることができれば、顧客の目的を理解でき、ビジネスの拡張や新たなビジネスの創出につなげられる可能性が高くなるのです。

ジョブ理論では、顧客の目的を整理するときに、3つの視点を使い分けます。すなわち、①機能的、②感情的、そして③社会的側面です。実際、これらの視点を通して顧客の目的を分析すると、「商品が本来持つ機能的な側面は、購買目的の一部にすぎない」ということがわかってきます。

他の視点である感情的、そして社会的側面で顧客の購買目的を理解するためには、単に購買の瞬間だけを分析しても情報が不足しています。そこで、顧客が購買を行う前後、すなわち「購買前」と「購買の最中」、そして「購買後」の状況を細かく分析します。

たとえば、商品の購買前後における顧客の感情の変化を把握することで、新たなビジネスチャンスを見出せるかもしれません。ある種の顧客は商品の機能よりも、「どのように感じたいか」という感情的な便益を満たすために商品を購買して使用していることも考えられます。

また、その商品の購買や使用によって、顧客自身が周囲から「どのように見られたいか?」という、社会的な側面を満たしている場合もあるでしょう。このように問題解決の目的を3つの視点で捉えるために、商品の購買を軸とし、購買前と購買後を細かく調べることで新しい発見や見逃していたチャンスを見つけることができるのです。

企業は前述した取り組みを繰り返す中で、やがて解決策としての商品を生み出すことができるでしょう。しかし、時としてイノベーティブな商品は、どんなに優れていたとしても、実際の市場に普及させることは簡単ではありません。その理由は、たとえ企業が顧客の問題を発見し、解決策としての商品を提供できたとしても、多くの顧客はすでに別の代替品で問題を解決できていると感じていて、その違いを積極的に理解しようとは思わないからです。また、中にはその解決自体をあきらめており、何もしない、つまりクリステンセンの言う〝無消費〟という選択をしている可能性も考えられます。

通常、顧客が新しいイノベーションを導入する場合、商品の購入とともに、すでに使用している商品を手放す必要があります。ジョブ理論では、商品の購買を「ハイア（雇用）」と呼び、商品を手放すことを「ファイア（解雇）」と呼びます。ハイアする代わりに、ファイアしなければならない。これは、顧客にとって無意識に捉えられている場合もありますが、確実に新たな購買の「障害」となり、イノベーションの導入を妨げます。障害は他にも色々考えられますが、その商品が革新的すぎる場合、「顧客が商品そのものを使いこなせない」という思いも「障害」です。この不安は確実に新たな商品の購買決定を先送りする要因になるでしょう。そのため、顧客の購買を妨げる要因をまとめて「障害」として特定し、取り除く工夫もあわせて考えます。

最後に、ジョブ理論を企業が実践する場合、現在の組織を見直す必要性が大いにあります。既存の組織は、前述したとおり、見かけ上の組織を管理する指標に追われているため、顧客のジョブを解決する仕組みから程遠い組織構造になっています。したがって、企業がジョブ理論を導入していく段階で、ジョブを発見しやすく、解決しやすい組織に変えることも意識的に取り組む必要があります。

ジョブ理論の概要や全体像をはじめにつかみたい方は、第1部の「What」のパートを読み、その後、第3部の第10章「ジョブ理論を実践するフレームワーク」に読み進んでください。全体のイメージが把握でき、他の章を読みやすくなります。第2部の「Why」のパートでは、なぜジョブ理論が現在の経営環境の中で重要な概念なのかを筆者なりの考えを交えて説明しました。第3部の「How」のパートは、ジョブ理論の詳細に対して筆者なりの解釈を加えて多方面に掘り下げています。そして、最終的にはクリステンセンによる原著『ジョブ理論』にもぜひチャレンジしていただきたいと思います。

２０１８年10月吉日　早嶋聡史

本書の構成

本書は全体を大きく3つのパートに分けて構成しています。

第1部　「What　ジョブ理論とは？」

【第1章】

ジョブ理論がそもそもどのような理論であるかを感覚的に捉えていただくためのパートです。クリステンセンの原著に出てくる有名な事例「ミルクシェイクのジレンマ」の内容をもとに、ジョブの定義である「特定の状況で顧客が成し遂げたい進歩」について理解を深めます。

ジョブを定義するためには、「顧客」「特定の状況」「成し遂げたい進歩」の3つが必要です。しかし、組織でこれらを提供するには不十分で、加えてその顧客にとっての「障害」を知り尽くすことも大切です。

第2部──「Why　なぜジョブ理論が注目されるのか？」
【第2章】

ジョブ理論の有用性について書いています。まずクリステンセンの代表的な著書『イノベーションのジレンマ』（翔泳社刊）の内容をもとに、日本の経済環境を取り巻くここ十数年の環境変化と近年の企業が苦しんでいる状況を整理します。ジョブ理論の内容から少し離れているテーマもありますが、ジョブ理論の有用性を理解するための補足として位置づけています。

顧客のジョブを解決する目的で集まったチームは、成長と拡大を続けるにつれ、ジョブから徐々に遠ざかっていく組織になっていきます。クリステンセンは『イノベーションのジレンマ』でも、組織が成長するにつれて、新しいイノベーションの受け入れをあえて行わずに、結果的に組織が衰退してしまうケースを示しています。ここで「ジョブ理論」と「イノベーションのジレンマ」の関連性や相違性を理解することで、組織のあらゆるフェーズでジョブを意識することの重要性を理解できることでしょう。

第3部【第3章〜第10章】

「How ジョブ理論を実践する」

ジョブの発見からジョブを実現する組織に関することまで、第1部で示した概要を1つひとつ細かく丁寧に説明しています。

第3章「ジョブを見つける際の心構え」では、顧客のジョブを発見するためにあらかじめ心得ていただきたい事柄を説明します。

第4章「顧客」では、新規のアプローチと既存のアプローチに分けて、方法論や考え方を示しています。

第5章「特定の状況」では、従来のマーケティングの分析方法に加えて、ストーリーで捉える手法や全体の流れを俯瞰する分析手法を示しています。

第6章「成し遂げたい進歩」では、ジョブの目的に注目し、機能面、感情面、社会面のアプローチをみていきます。

第7章「障害」では、ジョブの定義ができても、顧客にハイア（雇用）してもらうためには、それ以外のことを考慮した提案が必要なことを示しています。

第8章「組織」では、ジョブを中心とした組織づくりに対してのヒントやアドバイスを簡単に整理しています。

ジョブ理論は一般消費財であるB2C企業にフィットした理論だとお考えの方が多いと思いますが、実際は、B2B企業に対しての知見を大いに広げてくれる理論です。そこで第9章「B2B（法人ビジネス）への応用」では、法人顧客を主対象としたB2B企業がジョブ理論を活用するヒントを整理しています。

最後の第10章「ジョブ理論を実践するフレームワーク」では、ジョブ理論を1つのフレームワーク（考え方の枠組み）として活用するための流れや考え方を示しています。「クリステンセンのジョブ理論は本当に理論なのか？」という疑問をお持ちの方も多いことでしょう。その疑問を解消する目的で、フレームワークとしてできるだけ簡単にジョブ理論を活用できるように説明しています。

目次

はじめに …… 3
本書の構成 …… 12

第1部 What ジョブ理論とは?

第1章 ジョブ理論とは何か …… 25

1 ジョブ理論の定義 …… 26
2 ミルクシェイクのジレンマ …… 30

3 ミルクシェイクの学び …… 35
4 ジョブの定義 …… 38
5 「顧客」とは …… 41
6 「成し遂げたい進歩」とは …… 44
7 「特定の状況」とは …… 48
8 「障害」を取り除く …… 52
9 ジョブを中心に組織を最適化する …… 54

第2部 Why なぜジョブ理論が注目されるのか？

第2章 ジョブ理論が注目される背景を理解する …… 59
1 クリステンセンと破壊的イノベーション …… 60

2 失われた20年 …… 66
3 ドミナント・デザイン …… 69
4 脱自前主義のビジネスモデル …… 74
5 オープンソースの到来 …… 78
6 デジタル化の加速 …… 82
7 論理的思考の落とし穴 …… 86
8 イノベーションのジレンマ …… 92

第3部 How ジョブ理論を実践する

第3章 ジョブを見つける際の心構え …… 95
1 あたりをつける …… 96

2 前提条件を整理する 102
3 ジョブを見つける5つのポイント 105
4 ジョブの定義 113
5 ジョブスペック 116

第4章 顧客 121

1 対象顧客の分類 122
2 新規顧客 126
3 既存顧客 140
4 行動観察とインタビュー 152
5 顧客を表現する 156

第5章　特定の状況 …… 171

1　ビッグハイアとリトルハイア …… 172
2　顧客生涯価値 …… 177
3　カスタマーマップ …… 182
4　顧客体験の最大化 …… 188
5　リトルハイアとチャネルシフト …… 191

第6章　成し遂げたい進歩 …… 197

1　顧客が成し遂げたい進歩の種類 …… 198
2　ジョブから市場を見つける …… 201

第7章　障害　205
1　ハイア（雇用）とファイア（解雇）　206
2　購買プロセス　208
3　無消費　217
4　ジョブへの対応　219
5　普及理論　222
6　キャズム　227

第8章　組織　231
1　成長による落とし穴　232
2　データ管理の副作用　236
3　確証バイアス　239
4　抽象的なデータと具体的なデータ　242

5 見せかけの成長 245
6 コンピテンシー・トラップ 250
7 ジョブを中心とした組織 256

第9章 B2B（法人ビジネス）への応用 261

1 B2Bビジネスの特徴 262
2 B2BとB2Cの違い 268
3 B2Bのジョブ 270
4 コモディティ化の波に対応 272
5 法人顧客の分析 279
6 利害関係者の対立分析 283
7 意思決定のプロセス分析 286
8 M&Aとジョブ理論 292
9 企業会計とジョブ理論 299

10 Ｂ２Ｂの事例 …… 301

第10章 ジョブ理論を実践するフレームワーク …… 311

1 概論 …… 312
2 ジョブ理論のフレーム活用の事例 …… 322

おわりに …… 340

参考文献 …… 348

ブックデザイン　小松学（ＺＵＧＡ）
本文ＤＴＰ＆図表作成　横内俊彦
校正　矢島規男

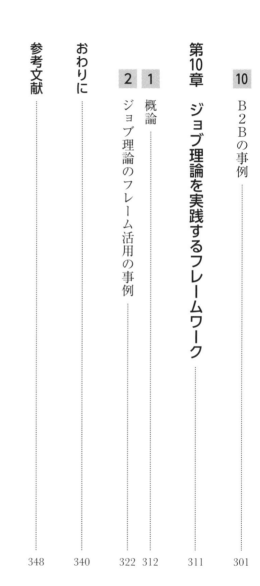

第1部

What
ジョブ理論とは？

第1章

ジョブ理論とは何か

1 ジョブ理論の定義

ジョブ理論とは、顧客が商品（製品・サービス）を購入する理由を明らかにして、それにまつわる解決策を提供する一連の考え方です。顧客が購入する理由を共有し、その解決に結びつくような商品を提供する場合、組織そのものにもメスを入れる必要があります。

ジョブ理論では、ジョブの定義を**「特定の状況で顧客が成し遂げたい進歩」**としています。いきなり、この文章を読むと、「ジョブ？」「特定の状況？」「成し遂げたい進歩？」となるでしょう。本書ではこれらの言葉や概念を丁寧に解説します。そして、事例や図表を通して、ジョブ理論の理解を深めていただきます。さらに、実際の現場でジョブ理論を実践できるように、考え方の筋道をある程度わかりやすく示したいと思います。

第1章 ジョブ理論とは何か

レビットとドラッカーの言葉

「人は刃の直径が4分の1インチのドリルが欲しいのではない。4分の1インチの穴が欲しいのだ」

これはマーケティング理論の大御所の一人であるセオドア・レビットの著書『マーケティング・イマジネーション』（ダイヤモンド社刊）のなかの一節です。顧客がドリルを購入する理由は、「商品としてのドリルそのものが欲しいのではなく、ドリルを使って得られる解決策としての穴が欲しいのだ」という考察です。

「顧客が欲しいのはプロダクトではなく、彼らの抱える問題の解決策だ」

こちらはピーター・ドラッカーが言及した洞察です。「企業が売れると思って製造した商品が売れる確率は低い」という警告をしています（図表1－1）。

レビットとドラッカーの提言はすっと理解できることでしょう。「なぜ顧客は商品を買うのか？」という問いに対して、「商品そのものが欲しいから」と答えるのはマニアや収集家以外考えにくいです。顧客は「**その商品の購買によって、あるいはその商品の使用によって、何らかの問題を解決している。その便益（メリット）を購買している**」と考えたほう

図表1-1　ドラッカーとレビットの主張

	×	○
セオドア・レビット	4分の1インチのドリル	4分の1インチの穴
ピーター・ドラッカー	プロダクト	彼らが抱える問題の解決策

が自然です。

しかし、実際に顧客が商品を購入する理由を突き詰めるには、顧客そのものの定義を行った後に、その顧客一人ひとりの行動を観察して、購買理由を特定することが必要です。この作業はかなりの労力を要します。そこで、マーケティングでは、「セグメンテーション」と「ターゲティング」という概念を用いて、この取り組みを簡略化しています。自分たちがビジネスを行う領域を定義（セグメンテーション）して、そこから自社が狙うべき顧客を特定する（ターゲティング）という考え方です。

本来は、購買理由に応じて市場や顧客を定義すると良いのですが、実際はその理由の分析や整理が難しく、非常に手間がかかる作業で難航します。そのため、企業はいつの間にか属性（性別や年齢、地域など）を顧客ターゲットの指標として用い、購買理由を明らかにする作業をすっ飛ばして、商品を提供することに焦点を当てはじめます。

こうなると「なぜ、誰が、何を買うのか？」のなかの「なぜ」（購買理由）がないがしろにされはじめます。そして「誰が、何を買うのか？」ということばかりが議論され、結果的に、顧客についての議論が〝属性ありき〟になり、同時に商品開発そのものにフォーカスした組織ができあがります。結果的に、**「商品は良いものだけど、売れない」**という状況が蔓延《まんえん》しはじめるのです。

ここで再び、ジョブ理論の定義をみてみましょう。ジョブとは**「特定の状況で顧客が成し遂げたい進歩」**でした。ジョブ理論は本来の根本的な質問である**「なぜ顧客は商品を買うのか？」**に対して改めて真正面から答えることで既存の事業を見直すきっかけを与えます。そして、新たなビジネスモデルを発見する考え方です。ジョブ理論は、前述したレビットとドラッカーの両賢人が指摘した「ドリルの穴と問題の解決策が重要だ」という主張と基本的には同じなのです。

2 ミルクシェイクのジレンマ

『ジョブ理論』のなかでは、「顧客が抱えるジョブとは何か」を理解するためのエピソードとして、「ミルクシェイクのジレンマ」の事例が紹介されています。このエピソードは、私たちが顧客の購買理由について見直すきっかけを与えてくれる特徴的なお話です。企業が顧客ニーズを解決するための手法はさまざまで、むしろ「**〝ひとつですべてを満たす〞万能の解決策は結果的に何ひとつ満たさない**」ということが理解できると思います。

商品の改善では売り上げは変わらなかった

あるファーストフードチェーンは、「どうすればミルクシェイクがもっと売れるのか？」

という悩みを持っていました。その答えを探すために、このチェーン店は、数カ月間かけて詳細な調査を行いました。ミルクシェイクを買う典型的な顧客層に対し、次のような質問を投げかけてみたのです。

「どんな点を改善すれば、ミルクシェイクをもっと買いたくなりますか？」「値段を安く？」「量を多く？」「もっと固く凍らせる？」「チョコレート味を濃く？」……。

このチェーン店は、顧客からのフィードバックをもとに、最も数が多い潜在的ミルクシェイクの顧客を満足させる取り組みを何度も試みました。具体的には、味やパッケージなどの改良を試したのです。そして数カ月後。期待した結果とは裏腹に、変化は何も起こりませんでした。チェーン店として様々な努力をしたにもかかわらず、ミルクシェイクの売上になんら変化は起きなかったのです。

来店客の〝ジョブ〟を探る

そこで、調査チームは、別のアプローチによって、あらためてミルクシェイク問題に取り組みました。それは、「**来店客はなぜ、ミルクシェイクを購入したのか？**」という視点です。前述したレビットの洞察を参考にすると、顧客がミルクシェイクを購入する理由は、「商品としてのミルクシェイクそのものではなく、ミルクシェイクを購入して得られる何かだ」というアプローチです。調査チームは、ドリルの穴ならぬ、〝ミルクシェイクの穴〟を追究しようとしたのです。

ジョブ理論風に表現すると、**「来店客がミルクシェイクを購入することで片づけられる（解決できる）ジョブがあるのではないか？」**という仮説を持ち、調査したのです。言い換えれば、「特定の商品を買う」という行為そのものを引き起こす原因が、来店者の日常生活で起きているのではないかという仮説です。つまり、日々の生活のなかで顧客にはジョブが発生していて、それを解決するためにミルクシェイクを雇っている（購入している）としたら、ミルクシェイク問題を解決できると考えたのです。

調査チームはある日、店頭に立って、顧客を観察し続けました。「ミルクシェイクを買う時間帯は？」「彼らの服装は？」「来店時はひとりか？」「ほかの商品もいっしょに購入したか？」「店内で飲むのか、テイクアウトか？」……。

長時間にわたる観察の結果、午前9時前にひとりで来店した顧客がミルクシェイクを頻繁に買っていることがわかりました。彼はいつもミルクシェイクだけテイクアウトで購入し、そして車で走り去るのです。そこで、実際にその顧客にインタビューを行い、ミルクシェイクを購買する理由を聞き出すことにしました。

「すみません、ちょっと教えてください。どうして（どういう目的で）この店でミルクシェイクを買うのですか？」

はじめ、顧客は戸惑っていましたが、「もし、ミルクシェイクがなかったら何を購入しましたか？」などと会話を続けるうちに、その顧客にとっての〝ドリルの穴〟が見えてきました。さらに、早朝に来店して必ずミルクシェイクを購入する他の顧客も、ある共通するジョブを抱えていることがわかったのです。それは、「**仕事先まで、長く退屈な運転をしなければならない**」でした。

朝の来店客の多くが「長い通勤時間に気を紛らわせる何かが欲しい」という理由でミルクシェイクを購入していたのです。時間帯からするとお腹は空いていません。そして2時間くらいすると空腹になります。しかし、このジョブを解決するライバル（代替品）はたくさんあれど、完璧にこなせるライバルは意外と少なかったのでしょう。

インタビューした顧客のなかには、次のように答えた人もいました。

「時にはバナナも食べるよ。だけどバナナじゃダメなんだ。すぐに食べ終えてしまうからね。結局、また手持ち無沙汰になるのさ。かといって、ドーナツでは手がべたついて、運転に集中できない。ベーグルはパサついて、喉が詰まってしまう」

また、別の顧客は次のように言いました。

「スニッカーズにしたこともあるけれど、朝から甘いものを食べるのが何だか罪深くてね」

このような理由で、ミルクシェイクは多数のライバルを蹴落としたのです。粘度が高いミルクシェイクを飲み干すには、相当の時間がかかります。昼までにやってくる空腹感を補うにもちょうどよく、運転中も片手で難なく飲むことができます。そのためにミルクシェイクが彼らに雇われ、彼らの問題を解決したのでした。

3 ミルクシェイクの学び

前項の調査チームは同時に興味深い発見をしました。それは、ミルクシェイクを買う人の間に、性別や年齢、職業などのいわゆる人口統計学的な共通要素が見られなかったことです。共通点は単に**「午前中に解決したいジョブがある」**ということのみでした。

また、調査結果は単純ではありませんでした。前記の時間帯に加えて、午後や夜、特定の曜日などにも、ミルクシェイクが大量に買われることを発見しました。そうです。顧客が解決したいジョブは複数存在しており、顧客はそれぞれ違う目的のためにミルクシェイクを購入していたのです。

たとえば、小さな子どもを持つ親たちは、早朝に来店する顧客とは異なるジョブを解決する目的でミルクシェイクを購入していました。

子どもは四六時中、所かまわず大人に要求を繰り返します。「だっこ！」「これ買って！」「これ欲しい！」「歩きたくない！」「疲れた！」「走り回りたい！」……。

そして、親はそのたびにNGを宣言するのです。子どもに終日「ノー」と言ってしまう自分に嫌悪感を抱きはじめた親は、たとえそれが教育のためだとわかっていても、たまには「イエス」と言う機会を欲しいと思うのです。たまには優しく接してあげたい。外出したときくらい、あるいは休みのときくらいは、と。

その理由がミルクシェイクの購入に結びついているのです。調査チームの観察では特に父親のケースが多く、彼らのジョブが「**優しい父親の気分に浸りたい**」ということが特定できました。

このように、同じ男性顧客であっても、朝の通勤時間帯と家族サービスを行う休日の午後や夕方では、ミルクシェイクを購入する理由が異なるのです。朝は「仕事先までの長い運転中の退屈しのぎ」です。この場合のライバルはベーグルや栄養バー、スムージーなどになります。一方、子どもと過ごす休日の午後は「優しい父親の気分に浸る」です。この場合のライバルは、おもちゃやお菓子、そして抱っこなどです（図表1－2）。

このように、ミルクシェイクを結果的に購入する行為は同じでも、顧客がそれらを購買

図表1-2 朝出勤中の男性と子どもと過ごしている午後の男性のジョブの違い

	ジョブ	特定の状況
朝	仕事先まで長く退屈な運転の退屈しのぎ	午前9時前に一人で来店してミルクシェイクを買い求める。通勤時間の退屈な運転中の退屈しのぎが欲しい。一方で、2時間もしないうちに空腹感と戦わなくてはならないことも知っている。代替する商品はたくさんあるが、手がベトベトになったり、すぐに食べ終えてしまう。
休日の午後	優しい父親の気分に浸る	休日を子どもと一緒に過ごしている。朝から続く子どもからの要求を常に断っている。「おもちゃを買って」「あそこに連れてって」「ノドが渇いたからジュースを買って」「疲れて歩けないから抱っこして」……。子どもに一日中「ノー」と言う自分に嫌悪感を抱いている。

するまでの状況や基準はまったく異なります。ファーストフードチェーンがもっとミルクシェイクを売りたいと考える場合、解は1つではなく、複数の解決策を同時に考えなければならないのです。

4 ジョブの定義

ジョブ理論とは、顧客が商品（製品・サービス）を購入する理由を明らかにして、それにまつわる解決策を提供する一連の考え方です。

「顧客がほしいのはプロダクトではなく、彼らの抱える問題の解決策だ」

ドラッカーが唱えたように、顧客はある特定の商品を購入するわけではありません。顧客は過去から現在において、何らかの問題を抱えており、その問題を解決するために商品を購入しています。

ジョブ理論では、ジョブの定義を「**特定の状況で顧客が成し遂げたい進歩**」としています。顧客は自分自身が置かれている状況に対して何らかの不満を抱えています。そして、その状況を良くするために、商品を購入して解決しているのです（図表1－3）。

図表1-3 ジョブの定義

特定の状況で顧客が成し遂げたい進歩

↓

特定の状況 で **顧客** が **成し遂げたい進歩**

自動車での通勤中	毎日自動車通勤する人	運転中の退屈を解消したい
厳しく子どもと過ごす休日	子どもと休日を過ごす父親	優しい父親気分を味わいたい

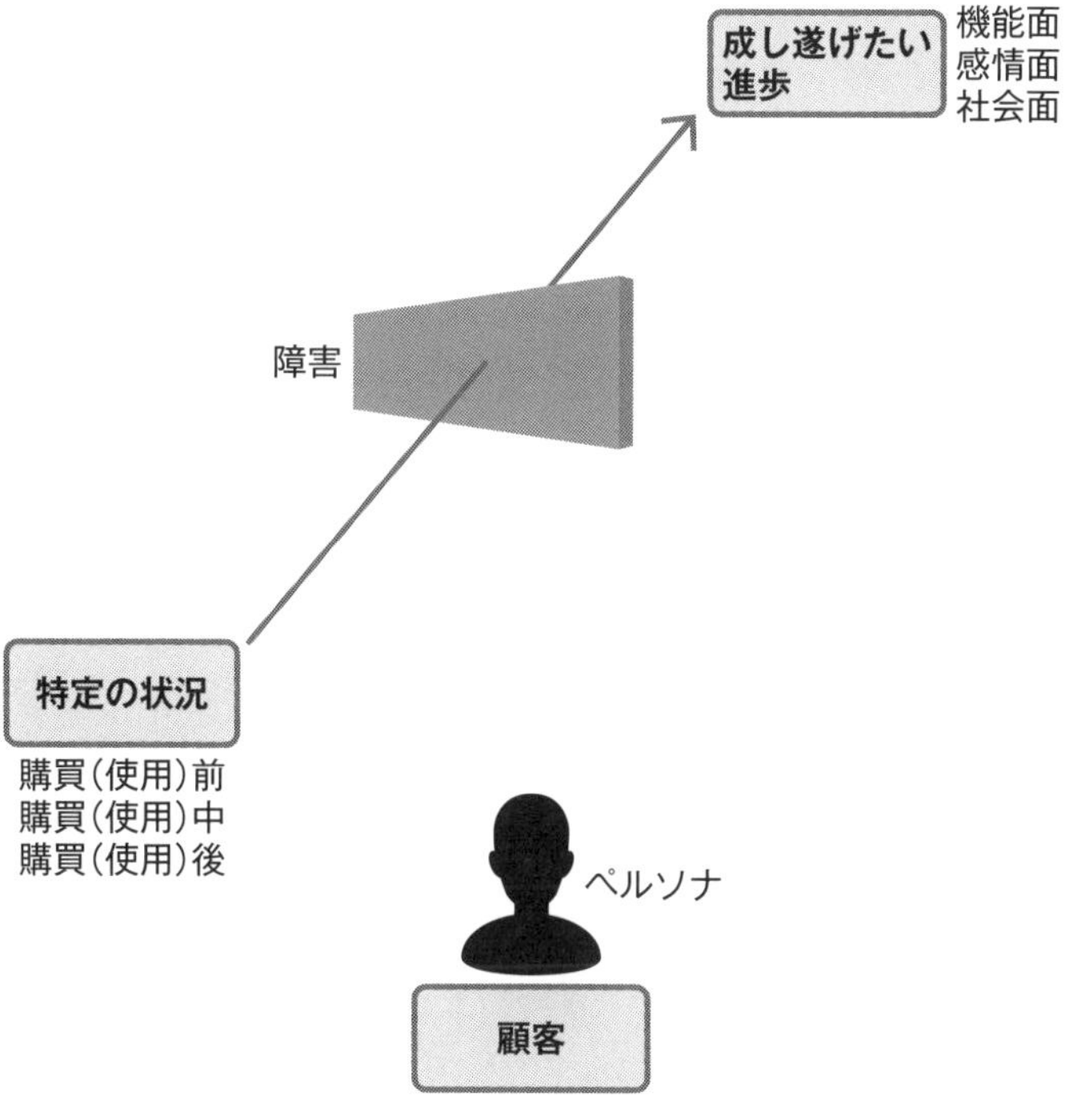

ジョブ理論では、成し遂げたい進歩に近づくことを「**片づける**（to be done）」と表現しています。「仕事を片づける」というニュアンスです。そして、商品を購入して片づける場合、「**雇用する**（hire）」という表現を使っています。顧客の特定の状況から成し遂げたい進歩を見つけ、それらを解決する（片づける）商品を提供することができれば、顧客はその商品を購入（雇用）するのです。

我々日本人にとっては、「ジョブ＝仕事」と一般に捉えられていますので、若干理解しにくいと思います。仕事とはすぐに解決するものでなく、長期的に時間をかけて達成するイメージが強いからです。しかし欧米では、ジョブそのものは長期的な業務を連続的にこなすイメージとは異なります。通常は明確に期間と達成すべき成果が定義されているのです。そのため、ジョブを仕事と捉えるよりは、「**用事や任務**」として捉えたほうがより理解が深まるかもしれません。本書では、あえて日本語に訳さず、そのまま「**ジョブ**」という表現を用いていきます。

5 「顧客」とは

「特定の状況」は顧客の単純な属性だけでは判断がつきません。イノベーションを興せないマネジメントやイノベーターは、プロダクトを購入した顧客属性やトレンド、競合の動向ばかりに目を向け、本質的な問いから遠ざかる行動をとりつづけています。「なぜ、誰が、何を買うのか？」のうち、「誰が、何を買うのか？」ばかりに目が行き、最も重要な「**なぜ買うのか？**」を見失うのです。

はじめは「ドリルの穴」に焦点を当てて、その解決策を提供しようと試みます。新規事業であれば、顧客が抱えている何らかの課題に対して解決策を提供しようとします。既存の事業であれば、顧客が商品（製品・サービス）を購入する理由を明らかにして、それにまつわる解決策を提供しようとします。

図表1-4　市場セグメントの切り口

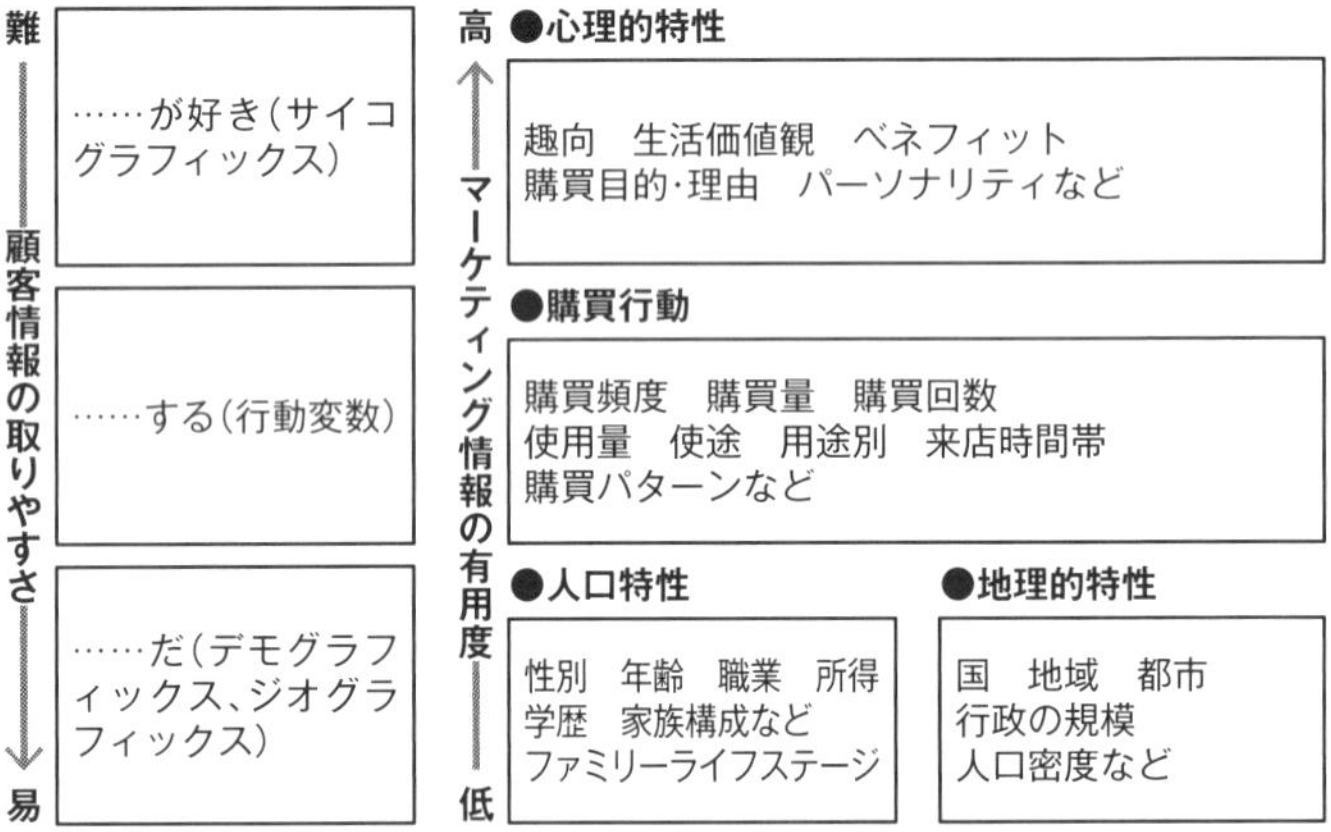

しかし、顧客が抱えている課題や商品の購買理由の特定は極めて骨が折れる作業であり、簡単には整理できません。そのため、目的と手段が入れ替わり、顧客を整理することに焦点が向かいます。すると、比較的容易に整理しやすい年齢や性別、所得や家族構成といった人口特性によるセグメントで市場を定義したり、地域や人口規模などの地理的特性で市場を定義したりします（図表1－4）。

人口特性や地理的特性で市場を切り分けることで、確かに一定の顧客を整理してターゲットを絞ることができます。しかし、「ミルクシェイクのジレンマ」の事例で見たように、この切り口では、「**顧客はなぜ購入するのか**」という本質的な質問に答えることができません。

したがって、ジョブの発見からは遠ざかります。ジョブは本来複雑で、顧客ごとに異なります。そのため、顧客の属性を整理して分類するだけの手法では、顧客を捉えるには無理があるのです。

ジョブ理論では、顧客属性である「男性か女性か」「大企業か中小企業か」「裕福か貧乏か」といった要素をあまり考慮せずに、**その顧客がその状況下で「なぜ、その行動をとらなければならないのか」を徹底的に分析して、定性的に、文脈として、ストーリーで表現します**。したがって顧客を把握する場合も定性的に捉えていきます。

6 「成し遂げたい進歩」とは

ジョブとは、「特定の状況で顧客が成し遂げたい進歩」のことです。この「成し遂げたい進歩」には2つの方向性が考えられます。「**消極的なジョブ**」と「**積極的なジョブ**」です（図表1－5）。

消極的なジョブ

消極的なジョブとは、自分の意思で積極的に成し遂げたいとは思わない進歩です。しかし、何らかの理由があり、成し遂げたい状態に達することができなければ、不都合が予測される状態です。端的に言うと「**やらねばならないこと**」です。

第1章 ジョブ理論とは何か

図表1-5　2つのジョブ

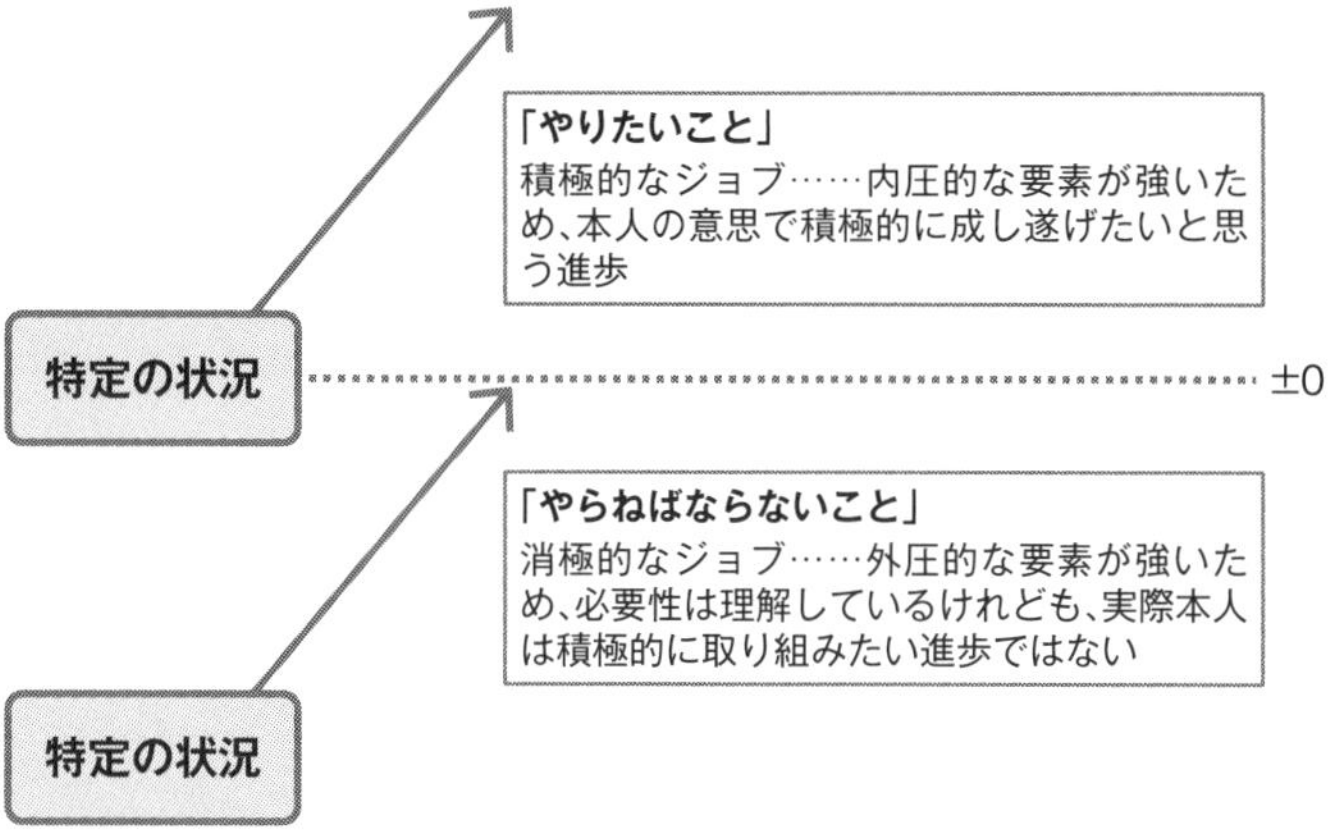

　この場合のジョブは、外圧的な要素が強いため、必要性は理解しているけれども、実際本人は積極的に取り組みたい進歩ではないので、そのジョブが解決されると、それ以上の努力をしなくなります。したがって、そのジョブが一度片づけられると、特定の状況が当たり前になり、顧客は積極的にジョブを雇用し続けることはありません。

　企業が消極的なジョブの解決をビジネスにするのであれば、競合する企業よりも先に提案するか、安く提供しなければ顧客から雇用してもらえません。この「やらねばならないこと」は、「**特定の状況で人が成し遂げたいネガティブな進歩**」と捉えることができます。

積極的なジョブ

積極的なジョブとは、自分の意思で積極的に成し遂げたいと思う「**やりたいこと**」です。この場合のジョブはその人が積極的に成し遂げたいと思うため、そのジョブを解決するにはある程度の投資や苦労も進んで行う気持ちを持ち合わせます。もし、そのジョブを解決することができても、その人はさらに積極的に成し遂げたい進歩を更新することでしょう。

積極的なジョブを提供する企業は常に支持され、顧客の成長とともにビジネスを継続しやすくなります。この「やりたいこと」は、「**特定の状況で人が成し遂げたいポジティブな進歩**」と捉えることができます。

ジョブの本質

どちらの場合でも、ジョブを解決するために購買するモノ・コトが商品（製品・サービス）になるので、成し遂げたい進歩を明らかにする作業は非常に重要です。従来のマーケティングでは、モノありきで、商品が先にあり、「どんな商品が欲しいか」という視点で開発されていました。先ほどの「ミルクシェイクのジレンマ」の事例でも、「どんな点を改善すれば、ミルクシェイクをもっと買いたくなりますか？　値段を安く？　量を多く？　もっと固く凍らせる？　チョコレート味を濃く？」という調査に数カ月間を費やしたことを思い出してください。

しかし、ジョブとは、商品を雇用するための動機、すなわち「**ジョブを片づけたい**」という動機そのものです。したがって、先に顧客が成し遂げたいことに注目することが重要です。クリステンセンも明確に「**成功するイノベーションは、顧客の成し遂げたい進歩を可能にし、困難を解消し、満たされていない念願を成就する**」と言及しています。

7 「特定の状況」とは

ジョブとは、**「特定の状況で顧客が成し遂げたい進歩」**です。顧客のジョブには、必ず発生するまでの背景が存在します。前述の「ミルクシェイクのジレンマ」の事例では、同じ男性顧客でも、それまでの特定の状況によって「退屈しのぎ」と「優しい父親の気分に浸る」というまったく異なるジョブが発生しています。

特定の状況を理解するには、特定の顧客に焦点を当て、その状況に至る背景や置かれている立場を分析します。同じ男性でも平日の通勤時間帯と、休日に子どもと時間を過ごすときの状況は、まったく異なります。特定の状況を把握するためにはジョブが発生する前後、ジョブが発生するまでの背景とその後の状況を観察して、一連のストーリーとして捉えることが大切です（図表1－6）。

図表1-6　ジョブが発生する特定の状況

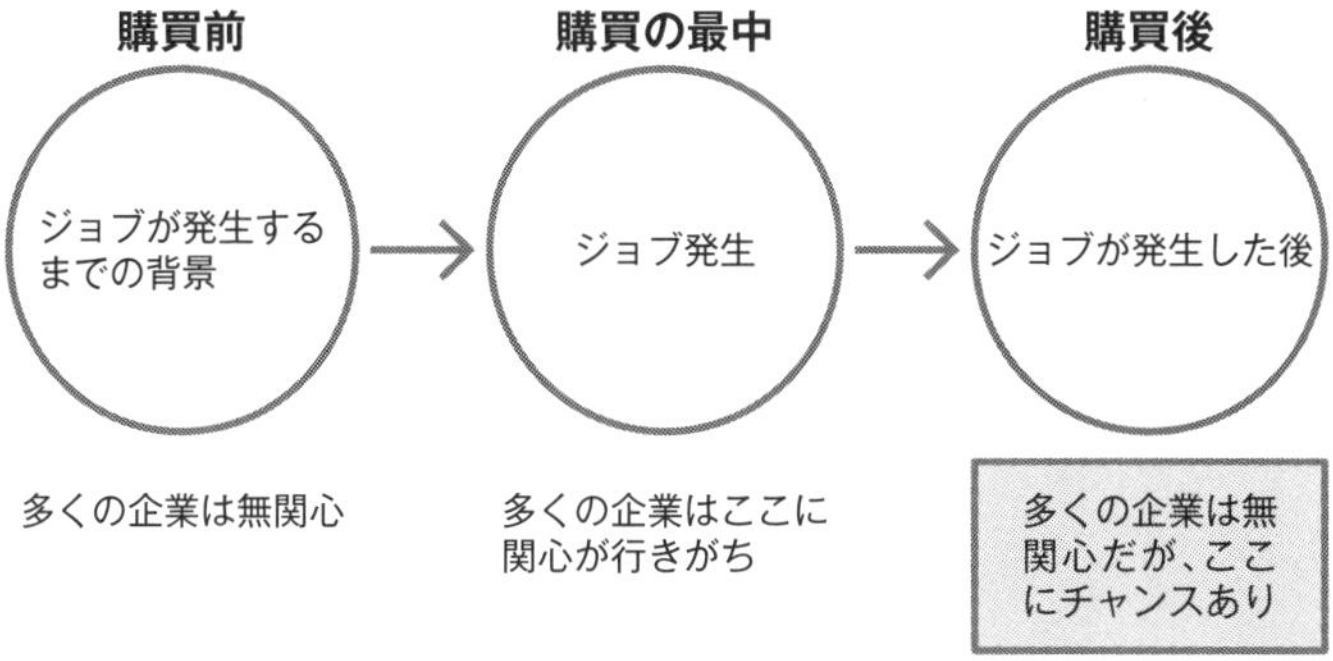

「購入後」にチャンスあり

企業は顧客のジョブが発生する瞬間に何らかの商品（製品・サービス）を提供することができても、顧客の問題を解決したとは言えません。ジョブはその発生する前後において、連続的に発生するからです。

多くの企業は、顧客が商品を購買することにフォーカスし、顧客が購買した後のことには無関心です。そのため、どちらかと言えば顧客フォローに対しての取り組みが苦手です。新規事業に資本を投下する企業は多数見受けられますが、既存顧客にフォーカスして商品の使用におけるジョブを再発見する企業はあまり見かけません。しかし、実は既存の事業

図表1-7　ビッグハイアとリトルハイア

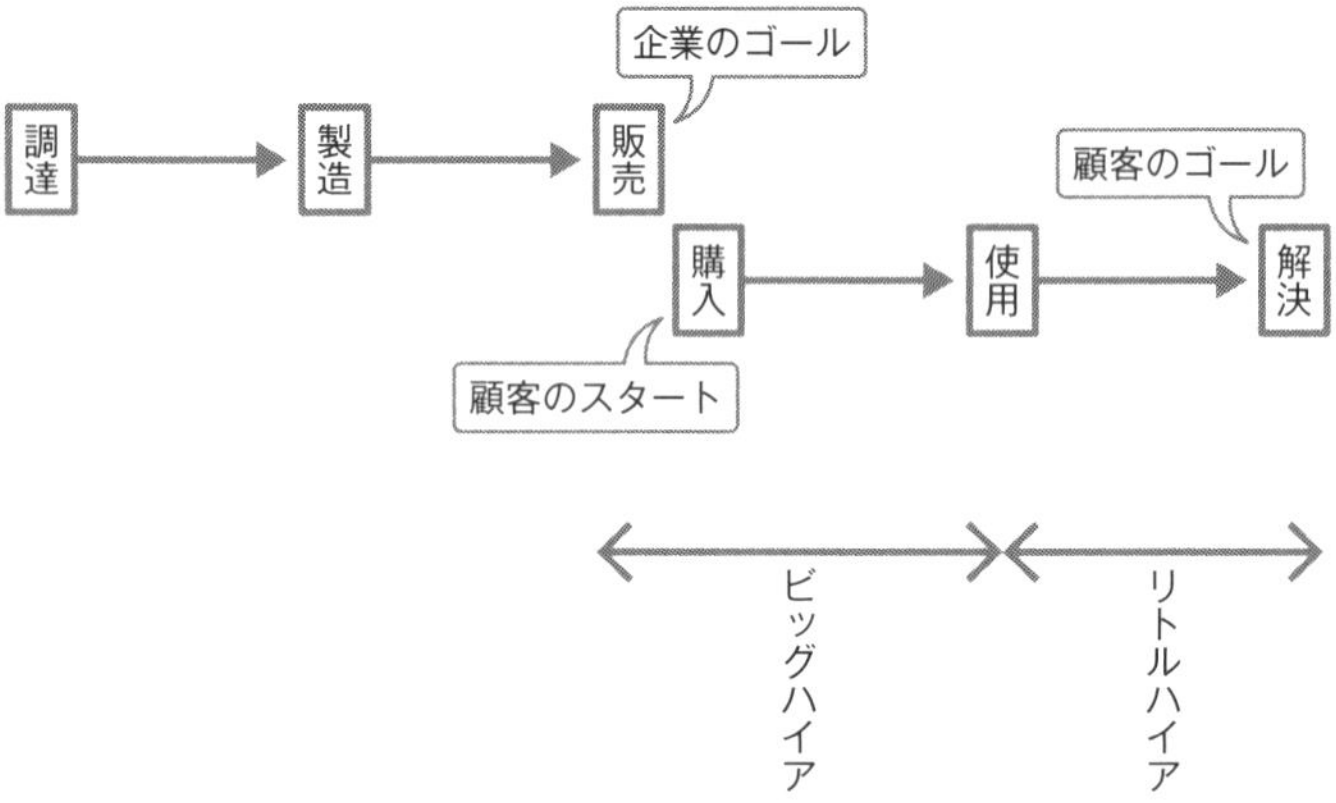

の場合、**商品購入後の顧客フォローにこそ、事業の大きな可能性が秘められているのです。**

「ミルクシェイクのジレンマ」の事例でも、どんな顧客が、どんな味のミルクシェイクを購買しているかにフォーカスしました。しかし、ジョブが明確になったのは、顧客がなぜ購入して、どのように消費しているかを観察し、インタビューしたからです。顧客はマニアではない限り、ミルクシェイクそのもの、つまり機能的なジョブが購入の目的ではありません。**「自分の何らかの感情的なものを満たしたい」**という感情的なジョブの目的か、**「周りから何らかの視線で見てもらいたい」**という社会的なジョブの目的で購買していることが多いのです。したがって、購買後の使用に注目することはポイントです。

ビッグハイアとリトルハイア

ジョブ理論では、顧客が商品を購入するタイミングを「**ビッグハイア（大きな雇用）**」と呼び、顧客が商品を購入した後に実際に使用するタイミングを「**リトルハイア（小さな雇用）**」と呼んでいます。企業は顧客分析に多大なる資源を費やして分析していますが、多くの場合、ビッグハイアに集中します。しかし、繰り返しになりますが、事業の源泉はリトルハイアの中にこそ多くの可能性があるのです（図表1－7）。

8

「障害」を取り除く

顧客のなかに解決したいジョブがある場合、すでに別のジョブを雇っている可能性を考えます。仮に新商品で、まったく異なるビジネスモデルやイノベーションを生み出す商品でも、顧客にとっては、過去に起きた問題に対して解決策を提示するものがほとんどです。その方法が潜在的か顕在化されていたかは別として、昔から利用されていた解決策があると考えるのは合理的ですね。

ジョブを解決しても、「障害」があれば買ってもらえない

顧客のジョブを発見して、新たに企業がそのジョブを解決するためには、**すでに雇って**

いるジョブを顧客に解雇してもらう必要があります。当然、ここはハードルが高い交渉です。そのため、現在、顧客が何を雇用し、何を解雇しようとしているかを把握することが重要です。

「ミルクシェイクのジレンマ」の事例では、既存の解決策がバナナであったり、場合によってはドーナツだったりしました。このような商品であれば、気楽にミルクシェイクを試すことはできますが、その商品の購買金額が大きかったり、再購入の手続きが複雑で手間がかかる場合は、新しい解決策を知っていても、すでに雇っているジョブを解雇することは容易ではありません。

また、時には何らかのジョブを把握していても、そのこと自体を顧客自身が明確に言語化していない場合も考えられます。その際は、企業がそのジョブで苦しんでいることを気づかせる取り組みが必要になるでしょう。また、仮にジョブを認知していても、顧客が新しい解決策のことを知らなければ、そのジョブを抱えたまま過ごすことになります。

ジョブ理論では、顧客がジョブを解決する際に、顧客の購買を妨げる要因をまとめて「**障害**」として特定します。そして、ジョブを提供すると同時にその障害を取り除く工夫も合わせて考えます。

9 ジョブを中心に組織を最適化する

一般的な企業の組織は、事業の流れに沿って、上流から研究や開発、調達や製造、販売やアフターサービスなどの機能に分かれています。また、企業によっては、複数の事業を運営していて、A事業部とかB事業部などと、それぞれまったく異なる事業を行っているため、事業部単位で組織を構成しています。また、時には、「西日本エリア」「東日本エリア」などと、事業の単位を地理的な要素に分けて構成している場合もあります。

しかし、**ジョブ理論をベースに考えた場合、企業はジョブを中心に組織を最適化することが大切です**。もし、顧客のジョブを発見して解決する機能を中心に組織を統合することができれば、必ず他社が模倣できない独自のプロセスができあがり、競争優位の源泉になるからです。

キーエンスとアマゾンの組織

たとえば、高収益を上げ続ける電子部品メーカーのキーエンスは、コンタクトポイント（顧客と直接接する部分や機能）の最前線である営業を基点として、顧客のジョブの発見と解決の仕組みを構築しています。営業はコンサルティング営業に特化して、担当エリアの顧客を日々訪問観察することで顧客が気づかない課題を発見します。その課題をもとに、商品企画や開発が動き、試作・製造プロセスの検討と仕事の流れが連携しています。製品の製造ノウハウが確立されると、そのノウハウは協力会社へ製造委託され、技術部隊は営業が新たに発見した顧客のジョブの解決に余力を持たせます。商品の納入は生産管理センターが行い、営業は顧客のアフターサービスに集中するため、納品や集金は一切行いません。

また、アマゾンは創業当初から、顧客のジョブを解決するための3つのポイントに焦点を置いていました。3つのポイントとは、①豊富な品揃え、②低価格、③迅速な配送です。組織は常にこの3つを意識して実現するために組織とプロセスを整備しています。最終目標を顧客のジョブを片づけることに置き、この目標を逆算して組織を常に変革しているのです。

イノベーション型組織の実現

このように、**解決する顧客のジョブを中心に組織を最適化することで、それが競争優位につながります**。組織がジョブから離れると、組織は権限や指揮系統の駆け引きに明け暮れて、組織図の線引きに終始時間を奪われます。ジョブのレンズを通すと、誰が誰の指揮下にあるかよりも、顧客のジョブを解決できる商品の提供とそのフォローにリソースを注いだほうがはるかに有用だとわかります。企業の幹部が顧客のジョブに集中すれば、イノベーションを推進する方向性に組織が動き出すことでしょう。

第2部

Why

なぜジョブ理論が注目されるのか？

第2章

ジョブ理論が注目される背景を理解する

1 クリステンセンと破壊的イノベーション

『ジョブ理論』の著者、クレイトン・クリステンセン（以下、クリステンセン）はハーバード・ビジネス・スクール（HBS）の教授で、代表的著書『イノベーションのジレンマ』によって、「**破壊的イノベーション**」の理論を確立しました。クリステンセンはイノベーション研究の第一人者であり、イノベーションに特化した経営コンサルティング会社も設立しています。

業界のトップ企業は、顧客の声に耳を傾けつつも、さらに高品質な商品（製品・サービス）の提供を試みようとした結果、逆に自社のイノベーションの立ち遅れを招いてしまい、大きな失敗を犯してしまいます。これがクリステンセンの指摘する「イノベーションのジレンマ」です。

第2章 ｜ ジョブ理論が注目される背景を理解する

図表2-1　持続的イノベーションと破壊的イノベーション

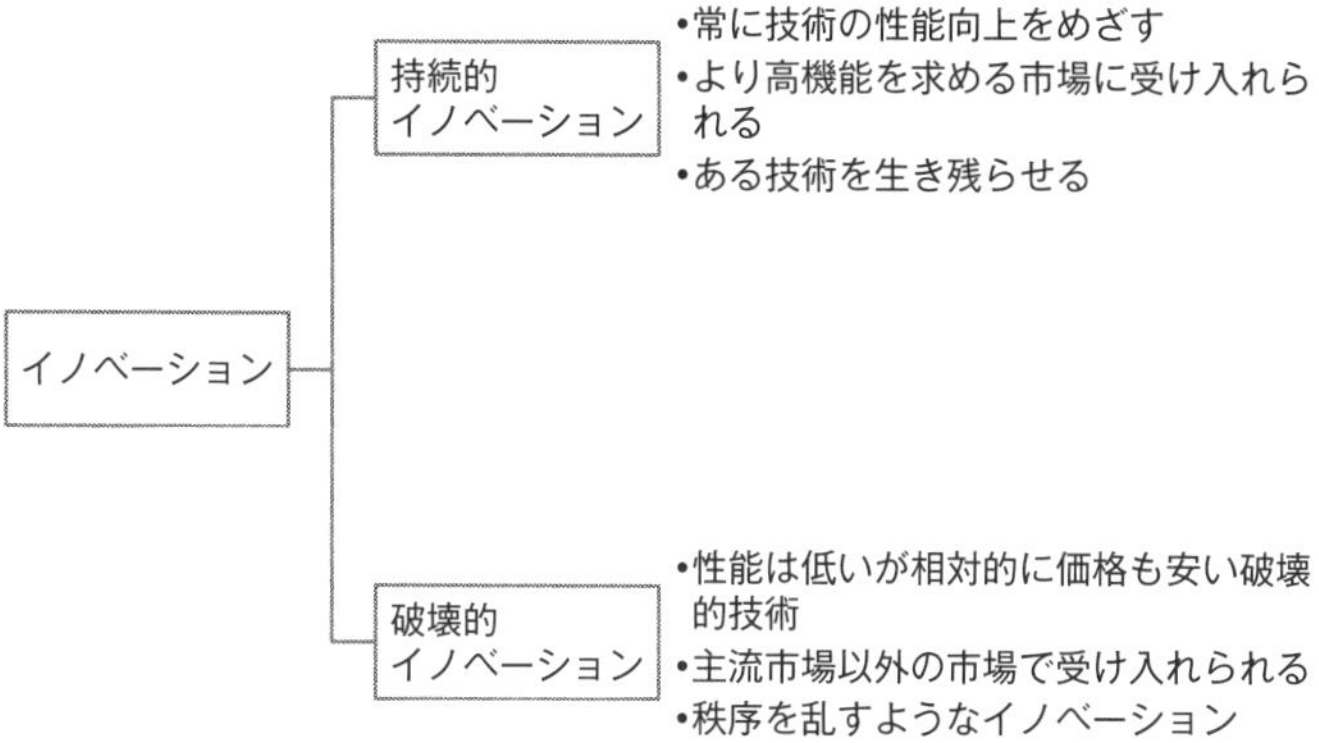
イノベーション
持続的イノベーション
•常に技術の性能向上をめざす
•より高機能を求める市場に受け入れられる
•ある技術を生き残らせる
破壊的イノベーション
•性能は低いが相対的に価格も安い破壊的技術
•主流市場以外の市場で受け入れられる
•秩序を乱すようなイノベーション

イノベーションには2つの方向性があります（図表2－1）。「**持続的イノベーション（現在市場で求められている価値を向上させる）**」と「**破壊的イノベーション（現在市場から求められている価値を低下させ、別の価値を向上させる）**」です。

どんなに革新的な技術や概念であれ、市場からその良さが認められないうちは、商品化できても事業として成立しません。企業は市場に受け入れられない主たる理由を技術的な側面と考え、他の要素を考慮せずに技術の改善を継続的に行います。

実際は、その技術がまだ革新的すぎて、世の中に受け入れられないことも多々あります。また、技術以外の様々な要素により技術が拒まれることもあるでしょう。ジョブ理論では、ここを「**障害**」と捉えて、その障害の吸収に対する取り組みも重視しています。

たとえば、企業が技術αを活用することで顧客のジョブを解決する商品を開発したとします。それでも、その商品は市場が求める最低限度の性能を満たすことができずに試行錯誤を繰り返します。しかし、技術αを提供する企業は絶え間ない持続的な開発を繰り返した結果、市場が求める最低レベルの性能（市場のローエンドで求められる性能）をクリアし、徐々に市場から受け入れられます。

技術αを提供する企業は、さらに絶え間ない進歩を続けます。また、技術αを提供する企業によって新しい市場が創造されたため、その市場に参入する企業も増えていきます。複数の企業が市場に参入することにより、1社だけの場合と比べて複数社の研究開発費が市場に投資されることになります。結果的に技術αの性能がますます向上し市場が拡大していきます。

そんなとき、技術αから見ると何らかの側面で劣る技術βが出現します。技術αを提供している企業群からすると、技術βは市場のローエンドで求められる性能をまだ超えていません。なんらかの機能は著しく秀でているけれども、価格が高いなど、既存の技術αの

第2章　ジョブ理論が注目される背景を理解する

市場からすると受け入れられない要素が複数あるのです。

また技術αは市場で十分に認知されて普及しているため、企業群はそこから十分な収益を得ている状況です。技術αを提供する企業群は、技術βの可能性よりも、現状の確かな技術αにフォーカスすることで予測可能な利益を確保することができます。そのため、技術βを無視し、技術αのさらなる向上に興味を注ぎます。

しかし、技術βも同様に、その技術の研究開発を進めています。したがって、どこかのタイミングで市場のローエンドの性能を超える時期がやってきます。もし技術αが継続的に進歩を遂げていたとしたら、どこかのタイミングでハイエンドの性能を超えてしまう可能性が考えられます。そのとき技術αはスペックオーバーになってしまうのです。

持続的な研究開発には多額の資金を投下しているので、その回収のため、技術αの商品に価格転嫁され価格が高騰している状態です。しかし、顧客はすでにその商品の価値と価格差を理解できていません。このような条件が揃えば、やがて顧客は技術βを使った商品にシフトしていき、技術αを使った商品は勢いを失っていくのです。

はじめは革新的な技術や新しいビジネスモデルで市場に参入した企業も、組織の成長や市場の成長とともに、その革新的だった技術に資本をつぎ込み、破壊的な技術を見失う傾

図表2-2　イノベーションのジレンマ

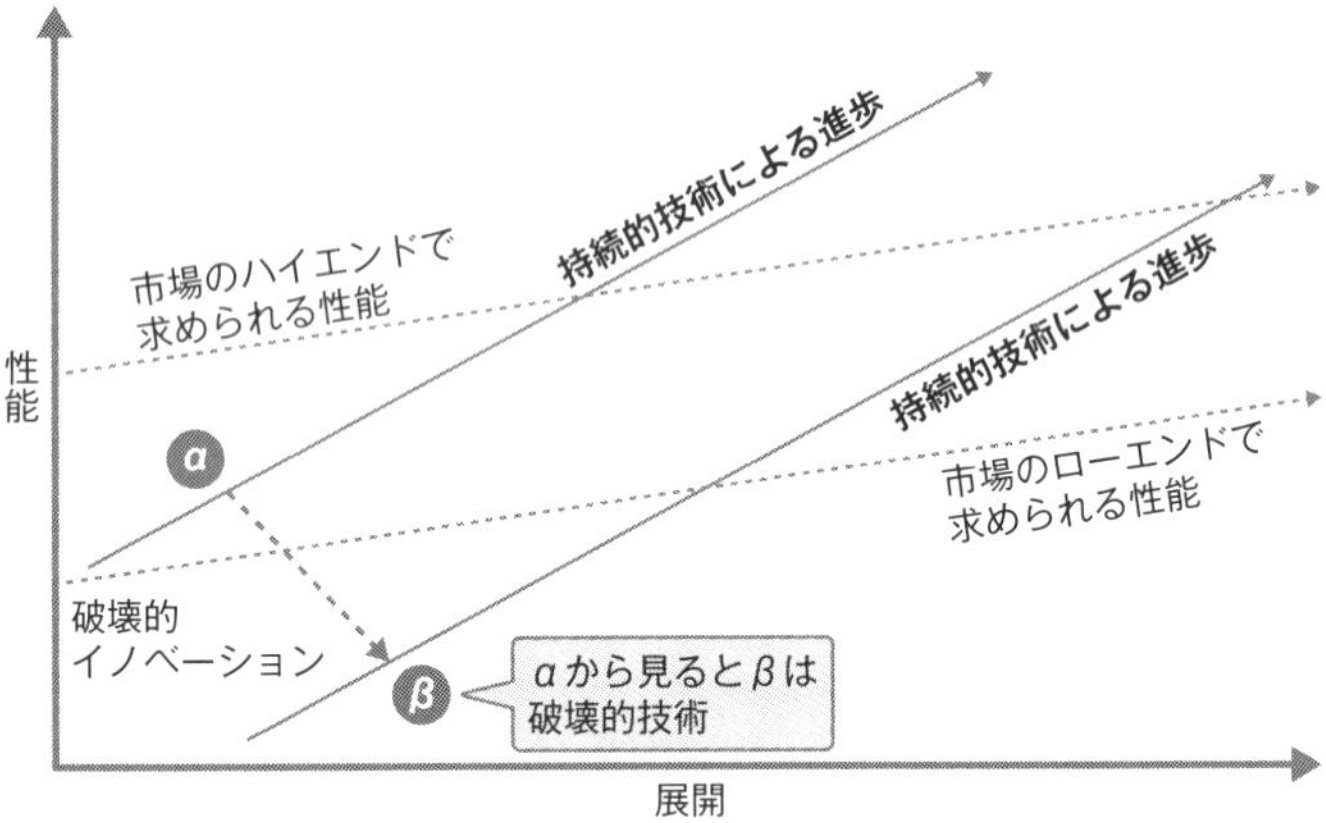

向に陥ります。そして、結果的にイノベーションのスピードを失ってしまうのです。クリステンセンはこの現象を指摘して、「**イノベーションのジレンマ**」と名づけました。著書『イノベーションのジレンマ』（翔泳社刊）では、主に大企業の失敗要因について言及され、そのような企業が破壊的イノベーションを活用して成功するためのポイントについて解説しています（図表2－2）。

ジョブ理論は、「**特定の状況で顧客が成し遂げたい進歩**」を発見し、提供することで、既存事業の事業機会を再発見することができます。そして、新たなビジネスモデルを創造することができる理論です。しかし、多くの企業は顧客の特定の状況において、顧客の成し遂げたい進歩を提供していくうちに、いつしかビッグハイアにフォーカスするようになり、顧客のジョブを見失います。

「イノベーションのジレンマ」は、成功している企業が新たなイノベーションを起こせなくなる理由についてフォーカスしています。一方、ジョブ理論は、新たなイノベーションを生み出すための手法について理解を深めています。両者は互いに表裏一体の関係になっているのです。

2 失われた20年

１９８０年代、国内メーカーは研究開発部門と製造部門が主力部隊となって強みを発揮していました。製造業の多くは機能部制を基本とした組織構造が主流で、技術中心の組織構造でした。そのため自ずと技術部門や製造部門が企業の中で力を持ち、重要な意思決定を左右していました。

当時、ＩＴは未発達で、そして物流も整備されていませんでした。情報の流れ、モノの流れが不足していたため、組織はサプライチェーンやバリューチェーンのすべての機能を内製化することで競争優位の源泉を手に入れました。ハーバード大学のマイケル・ポーターも著書『競争優位の戦略』（ダイヤモンド社刊）のなかで、「すべてのバリューチェーンを内製化することが競争優位を見出すポイント」と提唱していました。その結果、大企業や成長企業は、すべてのバリューチェーンの内製化を進めます。

一方、日本経済の成長は1990年頃をピークに減速傾向に転じます。少子高齢化に伴い、生産年齢人口が減少。資産と現金を持つ高齢者層は漠然とした将来への不安から、消費を貯蓄に回し、経済活動が鈍化します。いわゆる「失われた20年」に突入するのです。

多くの企業は、その間も技術や製造を中心とした組織構造から変化することなく、技術フォーカス一辺倒の取り組みを続けていました。当時、有識者層から「今こそ市場にフォーカスすべきだ。顧客のことを全面的に考える取り組みが重要だ」という主張が出ていましたが、多くの企業は実際の行動に移せませんでした。組織は志向と反して、そう簡単に動かすことができなかったのです。

しかし、上場企業を中心とした大きな組織は、基本的には成長戦略を唱えなければなりません。企業の株価は将来発生するキャッシュフローの現在価値で表されるため、成長が鈍化し、発生するキャッシュフローが縮小すると企業価値も減少するため、株価そのものが価値を下げてしまいます。

こんな状況下で成長を続けるために、採るべき選択肢は2つしか存在しません。新しい事業分野へ進出するか、日本以外の地域でビジネスの展開を行う（グローバル化）かです。

いずれの選択肢であれ、企業間の競争は同業者間の限定的な争いから、異業種やグローバル企業との競争に突入していきます。

3 ドミナント・デザイン

２０００年頃、世界的にＩＴ革命がはじまります。製造業を中心とする日本企業にもその波が押し寄せました。しかし、ＩＴという新たな手段を駆使する方向性は、新規のビジネスモデルに活用して新たな事業を創造するのではなく、既存の技術や製造ノウハウをさらに強化する目的に活用されました。企業がこれまで構築してきたバリューチェーンや、企業間を超えた取引であるサプライチェーンを大幅に見直したり、ゼロベースで自社のビジネスモデルそのものをＩＴによって革新するといった取り組みはまだ稀でした。

もちろん、ＥＲＰ（Enterprise Resource Planning 統合基幹業務システム）など全社を統合するパッケージや概念は生まれていましたし、導入する企業も増えはじめていました。その一方で縦割りの組織構造に変化はなく、部門間の壁は高いままで、互いに異なる事業部が協力して、新たな取り組みを行うことや共通する顧客の満足度を上げる取り組みなどはなかなか行われませんでした。また、機能部制を中心とした組織文化から脱することもできず、製造はつくることに注力し、販売は売ることに注力するなど、全体最適を考えることなく、個々の部門の役割を全うする取り組みに集中していきます。企業としては、常に全体最適という理想を掲げていたものの、すでに定着していた組織構造を変えることができない状況でした。

事業ライフサイクル全体を見たとき、新たなアイデアの導入時期にはどんな手法が正解かは、やってみなければ誰にもわかりません。そこで創業メンバー全員が常にワイワイとコミュニケーションをとりながら、「ああでもない、こうでもない」と試行錯誤を繰り返し、顧客の問題発見と解決を試みます。この時期は組織自体が小さいため、自ずと人が集まり問題解決のための議論がなされ、インフォーマルな関係も含め、組織のなかにある知と知が組み合わされ、事業アイデアが形成されていきます。成功する組織は常に、意識的であれ無意識的であれ、顧客にとって価値のある問題を解決することにより最初の成功を達成します。

はじめは、仕事に優先事項などなく、ビジネスチャンスの見極めや、マネジメントの評価、成功の測定方法などもほとんど定めがありません。皆が複数の役割を担うため、自然と、あるいは意図的に「顧客の問題解決のために何をすべきか」を判断軸として組織が動いていきます。顧客の問題解決を中心とした組織づくりが必然的に形成されているのです。

しかし、事業が成長しはじめると、マネジメントの階層は深くなり、コミュニケーションも増大していきます。そのため、顧客を中心に動いていた組織が、事業の効率化や標準化といった取り組みに動き出します。個人の責任を明確にして、仕事の流れを定義しなければ、成長する市場や顧客、そして商品の管理や競合相手の把握や対応が難しくなると思いはじめるのです。

結果的に顧客の問題解決への興味・関心は薄れはじめます。それどころか統制を強め、効率性を追求するため、重複していた取り組みを整理して最適な役割分担と管理の方法を見つけていきます。組織のなかにあった智慧も自然と整理され、徐々に標準化されはじめます。組織は、顧客の問題解決よりも、組織の内部を効率的に管理して実行することがマネジメントの役割かのように思い込み、マネジメントから顧客の問題解決が徐々に離れていくのです。

そして、事業が成長期から成熟期に達する頃には、1つの事業にある各機能が完全に標

図表2-3　ドミナント・デザイン

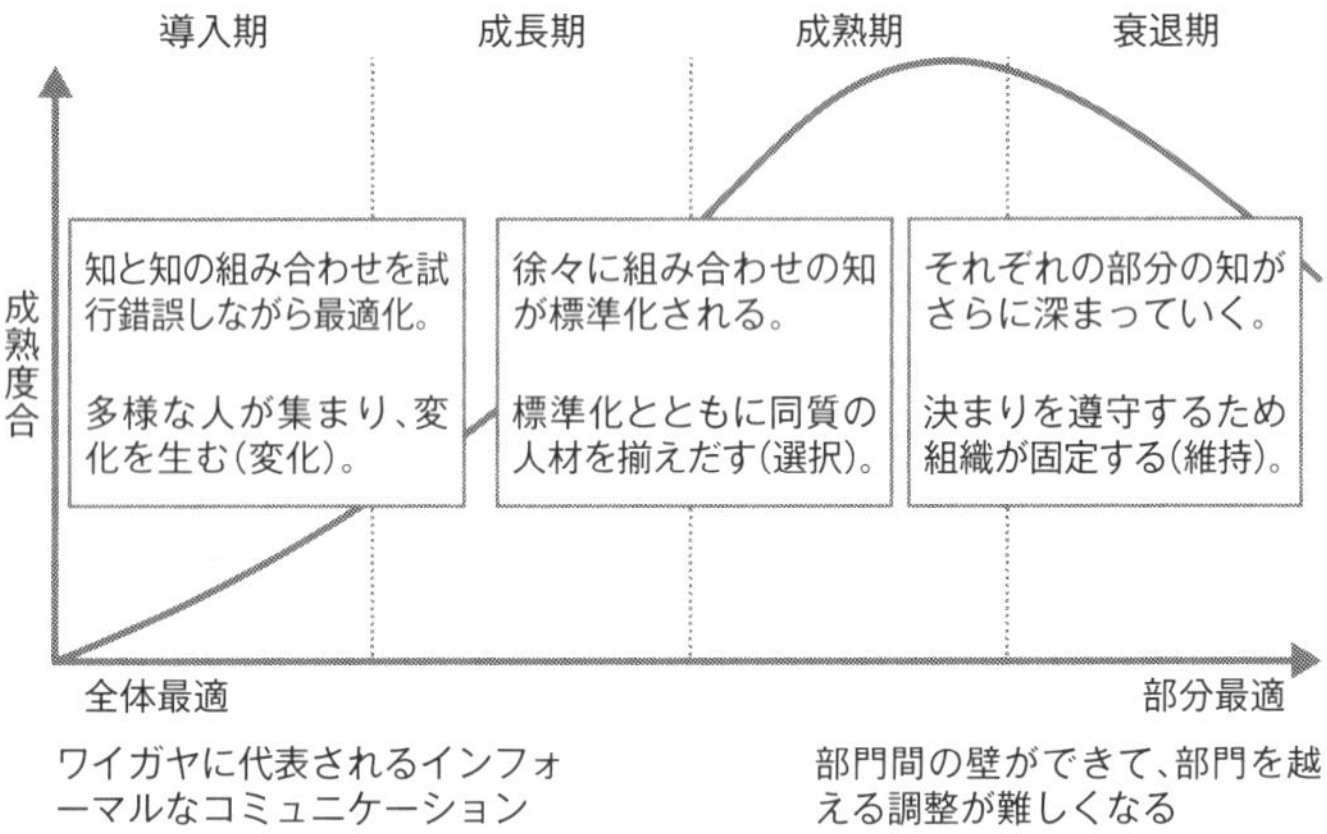
導入期
成長期
成熟期
衰退期
成熟度合
知と知の組み合わせを試行錯誤しながら最適化。
多様な人が集まり、変化を生む（変化）。
徐々に組み合わせの知が標準化される。
標準化とともに同質の人材を揃えだす（選択）。
それぞれの部分の知がさらに深まっていく。
決まりを遵守するため組織が固定する（維持）。
全体最適
部分最適
ワイガヤに代表されるインフォーマルなコミュニケーション
部門間の壁ができて、部門を越える調整が難しくなる

準化され、互いが全体を意識せずとも事業が回る仕組みが確立されます。さらに各機能は部門最適が進み、部分的な智慧を深める取り組みが積極的になりはじめます。結果的に部門間の壁は高くなり、部門間の調整が難しくなります。組織全体において、ドミナント・デザイン（産業進化の過程において、デファクトスタンダードとなった標準仕様）が確立されるのです。

企業は事業拡大に邁進すると、社内基準に沿ったコンピテンシー（高い業績に結びつく望ましい行動特性）をもとに能力を最適化させていきます。結果的に組織構造が管理中心になり、顧客の問題解決と整合しなくなります。一方で、成功を遂げた多くの組織は、方

向性がブレない仕組みをつくりあげています。企業全体の原則を定義して、それに整合する指針に顧客の問題解決を掲げるのです。成功する組織は、業務の効率性を追求しても、解決する問題と顧客志向を疎かにしないのです。

4 脱自前主義のビジネスモデル

同じく2000年頃より、開発や企画などバリューチェーンの一部に特化して、他の機能は外部に委託するという組織形態が増えはじめました。顧客の問題解決を捉え、それを中心に組織を構築すると、製造業であってもEMS（Electronics Manufacturing Service 電子機器の受託生産を行うサービス）を活用したほうが、より解決しやすくなると考えたのでしょう。

IT革命により情報の送受信が容易に、瞬時に、大量に、そして低コストで実現できるようになりました。そして物流も第三者へ委託することで、より柔軟に低コストで世界を網羅した物流を構築することができるようになります。すべてを自前で揃えていたときと比較して、小資本の企業でも短時間での成長が可能になりはじめます。その結果、製造業でも、企業規模とは無関係に自社の最も得意とするバリューチェーンの一部に経営資源を集中する取り組みが盛んになり、新たなビジネスモデルが次々に生まれてきました。

伝統的な日本の製造業も、この動向は確認していたことでしょう。しかし、技術と製造が主体だった組織は、相も変わらず意思決定権を強く有していました。結果的に、時代の流れに即した組織構造に対応するための議論が遅れ、長らく過去の組織形態を続けました。

伝統的大企業の主力事業の多くは成熟期に差し掛かり、PPM（プロダクト・ポートフォリオ・マネジメント）のなかでは、いわゆる「金のなる木」に該当していました。PPMの理論上は、「金のなる木」に相当する事業が得た利益を将来の稼ぎ頭である「花形」や「問題児」に投資して、事業を永続的に継続します。しかし、長い間にわたり、既存の事業やビジネスモデルで安定的に収益を上げていた企業は、新たなビジネスモデルを創造することや新規事業に投資する意思決定がなかなかできません。新規事業の開発と既存事業の維持では、事業投資への考え方や判断の仕方が大きく異なることに気がつかないでいたのです。

国内需要が減少し、成長に合わせた設備の稼働率が低下し、企業の利益を圧迫しはじめている現実を目の当たりにしてもなお、技術中心の開発コンセプトは継続され、市場フォーカスの思考は導入されないままでした。成熟事業の仕組みが定着しており、それらを破壊することができないでいたのです。

一方で、競合する海外メーカーは、技術主体の考え方を刷新して、徐々に市場にフォーカスした取り組みをはじめました。この思想の違いは徐々に企業が得る利益率に反映されていきます。海外メーカーの利益率は2桁を超えたのに対し、国内企業の利益率は5％前後か、それを下回る実績です。市場ニーズを見極めて必要な技術レベルを提供していくグローバル企業と、技術レベルのさらなる向上を目指す日本企業の収益構造に顕著な違いが出はじめます。

日本企業はもともと技術レベルが高く、器用であったため、顧客の要望に応えすぎるあまり、開発がその都度フルカスタマイズに近い形で進められました。一方、海外勢は戦略的か技術レベルが追いついていなかったかは別として、顧客の問題を整理して、その解決に必要な技術や汎用品をベースに解決する提案を繰り返してきました。その結果、ソリューションの提供に関しても商品の標準化が進み、日本企業と比較して高い利益を確保する仕組みが誕生したのです。

この日本メーカーと海外メーカーの利益率の差は明白となり、その違いが株価にも反映されるようになります。高い株価を得た企業は、自社にとって将来有望な技術や脅威となるビジネスに対して先行投資を行います。自力でコツコツ成長するオーガニック・グロースに加えて、M&Aを活用したアーティフィシャル・グロースの手法も活用しました。

すべて自前で取り組む発想は、近年の顧客の問題を解決するためには、時間的な余裕がありません。そこですでに確立された技術やビジネスに資本を投じ、時間とノウハウを取得するM&Aを戦略的に活用するようになったのです。結果、企業の成長が飛躍的に高まり、ますます将来の期待値が高まって株価が上がるという好循環を生んだのです。

5 オープンソースの到来

ソフトウェアの世界には「**オープンソース**」という概念があります。1998年、米国カリフォルニアのパロアルトで開かれた「ネットスケープ・ブラウザのソースコードをどのような形で公開するか」という戦略会議のなかで生まれた言葉です。

オープンソースの概念では、新しい技術やアイデアは広く業界内外に公開し、共有させます。すると興味がある技術者は、その技術やアイデアに自らアクセスして実際の動きや概念を確認します。そして、その技術をさらに進歩させる会議体がネット上を中心に非営利のコミュニティーとして形成されます。参加者の多くが非営利目的で、「自分の技術の高さを理解してもらいたい」というインセンティブで日夜議論を繰り広げます。技術に何か不具合があれば、気がついた人がすぐに見つけて報告し、修正してブラッシュアップされます。したがって、その技術や概念の精度が一気に高みを極めるのです。

ブラッシュアップされた技術はネット上で簡単にアクセスすることができ、参照するためのアイデアや活用方法、考え方の説明が記述されたサイトが充実していきます。第三者が新しく何かをつくる場合、その技術をベースに、組み合わせや応用によってつくるため、ソフトウェアの世界では生産性が加速度的に向上します。

当初、この動きはソフトウェアの世界だけのことと考えられていました。しかし、徐々にハードウェアの世界にも浸透しはじめます。

具体的には、３Ｄ技術の進化によって、製造業の競争のルールが変わりました。たとえば、単純な機械式時計を３Ｄスキャンで読み取ってデータ化し、そのデータを３Ｄプリンタで出力すれば、理屈上では即座に同じ機構がコピーされます。ハードの世界でも〝コピペ（コピー＆ペースト）〟の概念が生まれたのです。

ハードは、大量生産する場合は部品を手づくりして鋳造の型を精密につくることが当たり前でした。そして、材料を流し込んで生産します。この手法は、1万個とか10万個のオーダーで部品をつくる場合は費用的に合いますが、少数の部品だととても割高になってしまいます。そのため、大資本でなければハードの商品開発は資金面のハードルが高かったのです。試作品をつくるにも膨大なコストが必要とされていました。しかし、3D技術の進歩の結果、CADで作成したデータを3Dプリンタに出力することで、試作部品ができあがります。従来の手法と比較して、開発にかかる時間とコストが一気に低減したのです。

資本規模の大小に関係なく、アイデアや企画を有する個人や組織の製造業への参入が行われやすくなりました。試作を経て大量に生産する場合、自前の工場を持たずとも前述したEMSに製造を委託し、販路を持たない場合は自社のウェブサイトや他社の販売サイトを活用して販売できます。すべてのバリューチェーンを持つ大企業は逆に身動きがとりにくくなるというデメリットも生じてきました。

だからといって、大企業はこの動きに即座に対応できません。開発の仕組みは同じでも、組織に柔軟性がないからです。大規模な組織で仕事を管理するには、すべてをトレースできることが前提です。品質もすべて自社把握が必要になります。オープンソースを活用した場合、すべての技術をゼロから自社基準に合わせて品質チェックを行う必要があるため、新たな開発手法を導入することができないのです。

近年、ソフトウェアや製薬の世界においても前述のカラクリが観察できます。素晴らしい技術を有していても、国や企業の申請や許可が下りないのです。その間に他の国や他の企業に先を越されてしまい、技術的な優位性を発揮できないでいるのです。

6 デジタル化の加速

製造業を苦しめる要因はデジタル化そのものにも影響を及ぼします。アナログ技術が中心だったときは、最終調整を含む様々な作業に人の手が加わっていました。しかし、その技術ノウハウが徐々に部品と製造装置に置き換わります。

すると、同様の商品を製造したい場合、同様の部品と製造装置を調達することである程度同じスペックレベルのものがつくれてしまいます。従来は、同じ資産に投資しても人の技術まではコピペできませんでした。それにはアナログ的な調整が必要であり、それが企業のノウハウとして強みを発揮していたからです。しかし、多くの技術とノウハウが部品と製造装置に委ねられた結果、製造や組み立ての優位性が薄れていったのです。

半導体の技術スピードの進化により、トップ企業が開発した技術が半年程度で部品になり、世の中に出回ります。汎用技術を活用する企業は研究開発機能を持たずに、数カ月遅れて出回る最新技術を活用して、市場に適した商品づくりを行うことができるようになりました。

この動きは、成熟した日本市場では過度な価格競争を引き起こす理由にもなります。結果的にまじめに研究開発をしてきた組織は利益を確保することが一層難しくなり、コモディティ化していく技術において、後発のメーカーがコスト優位になるというおかしな現象に苦しめられているのです。

もちろんすべての商品でこのようなサイクルが起こるわけではありません。比較的技術レベルが成熟し、一般消費者にその違いがわからなくなった商品に起こり得る可能性が高くなります。たとえば、家電製品や近年ではパソコンがそうです。スマホやスマートパッドも今やコモディティとしてメーカーに関係なく同じようなものになると予測することは簡単です。

当初、EMSは大量の部品を安く仕入れて、組み立てに集中した機能でした。しかし、世界中から製造依頼が殺到し、徐々にその分野の技術が集約されると、結果的に規模が大きなEMSには組み立て以外に、その商品の周辺技術が蓄積され、飛躍的に技術を有する組織へと変化していきます。近年のＥＭＳは製造委託に加えて研究開発部門も内製化し、様々なビジネスに対応できる体制を整えています。はじめはアウトソース先だったのが、いつしか自社のビジネスを脅かす存在に変化しているのです。実際、シャープを買収したホンハイのように、一部のＥＭＳには、発注元のメーカーを逆に買収してブランドを持ち、ＯＥＭ商品に加えて自社ブランドの商品を世の中に提供する企業も出はじめています。

流通業界にも変化がありました。伝統的なサプライチェーンではメーカーである川上が力を有しており、商品が良ければ売れる時代がありました。したがって、当時の定石は、販売チャネルをたくさん持ち、小売店や販売代理店に卸すことでメーカーは売上を拡大することに成功しました。当時、メーカーが顧客と直接ビジネスをする技術や仕組みがなく、前記の手段が当時は最適だったのです。

しかし、２０００年代のＩＴ革命、２００７年のスマート革命でこの状況が変化しはじめます。メーカーが提供する商品の違いがなくなり、小売業は顧客のデータを分析して積極的に販売促進活動を行うことで売上拡大を達成しはじめます。メーカーも本来は顧客のデータを分析して、それらを商品開発に活かしたいと考えていましたが、販売を卸や小売業に委託していたため、直接の顧客（エンドユーザー）のデータを分析することが簡単にはできないのです。

やがて顧客の消費行動の中心がリアルからウェブに移行しはじめ、この傾向は強くなります。リアルの小売業では家電量販店が勢力を持ちはじめます。また日用品に至ってはコンビニエンスストア業界やドラッグストア業界が顧客と直接取引して得たデータを分析して販売を行うことで、メーカーよりも強い交渉力を持ちはじめます。一方、ネットの世界ではアマゾンのような企業が続出して、顧客のあらゆる情報を収集、管理、活用して顧客の問題解決を行うようになります。

その結果、顧客に近い企業が顧客のあらゆるデータを保持して、それを活用して顧客の問題解決を行うようになるのです。顧客から遠いメーカーは、顧客の情報を得るためにわざわざマーケティング企業を活用して分析をしなければならず、川上が強かった時代から川下を抑えた企業が勢力を拡大していきます。

販売に軸足を置く企業は力を弱め、販売後の顧客フォローに軸足を置く企業が、そこから得た情報をもとにさらに顧客の問題を解決していくという流れができはじめています。

7 論理的思考の落とし穴

論理的思考とは、思考を展開する際に、概念を全体と部分に分けて筋道を立てて思考する方法です。ここで言う〝筋道〟とは、思考の展開に対して因果が明確で、全体と部分が合理性に合っている状態です。〝因果が明解〟とは、互いに発生する全体と部分の概念に対して、原因と結果の関係があることです。

また、〝合理性に合う〟とは、その筋道に無駄がなく、どう考えても誰が考えてもそのように考えることができる状態です。

思考の筋道を示すためには、部分のみにフォーカスしても完全に整理できたとは言えません。全体像と部分の両方を常に示すことが大切です。事象によっては階層構造が深くなる場合もあるので、結果的に一律で何かを示すことが難しくなります。したがって、段階的に全体と部分に分けながら判断することが必然的に行われるようになります。

論理的思考は、結論に対して違和感なく根拠を示せる状態であり、一定の条件が揃えば同じような結論を導き出すことができる思考方法です。

組織が拡大・成長を遂げると、同一の入力情報に対して一定の結果や成果が出なければ、ビジネスの現場では混乱が起こります。同じような取り組みに対して、同じような成果が出ることで、安定的かつ大量に顧客に解決策を届けることができるからです。不安定な状態は、予想外の取り組みが必要になり、その対処に膨大なコストがかかってしまいます。

そのため、ある程度の知識レベルの人が同じ入力をしたならば、同じような成果を出せる状態をつくることが企業の標準化と言えます。そして、そのような仕組みを構築した企業は、安定的に効率よく、かつ大量に商品を世の中に提供することができます。

一見すると素晴らしい状態ですが、競争戦略の視点から捉えると、決してそうとは言えません。企業はミッションを実現するために、ビジョンを唱え、その実現のために日々戦略を立てて、戦術をこなします。そのときの経営の尺度の一つである利益は、売上とコストの差分です。したがって、経営戦略のパラメーターは差別化を図って高く売るか、同じような商品を誰よりも安く売るかによって実現することが可能です。

現在、多くのビジネスパーソンや経営者が論理的思考力を身につけることを重視しています。しかし、**正しく論理的思考力を身につけて、理性的な判断をすればするほど、出てくるアウトプットは同じになるのです**。つまり、個性や違いがなくなり、ビジネスの違いが出にくくなります。

同じ入力に対して正しい答えを出す技術が、結局は「ビジネスのコモディティ化」を招いているわけです。確かに教育の成果としては素晴らしいです。しかし、「個性」という点において、論理的思考は真逆の影響を与えることになります。

マーケティングの概念に「ニーズ」と「ウォンツ」があります。ニーズは、現状を好ましいと思わずに、ありたい姿に向けて動きたい状態です。しかし、一方で、そのように思いながらも、進んでその状態を解決したいわけではありません。ニーズが満たされていないと、当然解決策があれば受け入れますが、喜んで導入する状態ではありません。そのため、機能は最低限で良く、解決するためのコストもできるだけ抑えたいと思います。

ウォンツは、現状を悪く思っていません。しかし、「さらに良い状態にしたい」という状態です。すでに悪い状況でもないのに、もっと良くしたいと思うので、解決策があれば喜んで導入するし、コストが高くても検討します。

したがって、**ニーズよりもウォンツに目を向けたほうが顧客に対して付加価値の高い商品を提供しやすくなります**。しかし、市場の多くはニーズ的な部分で満足するため、規模を大きくすることが難しくなるというトレードオフが生じます。

経済学の考え方では、需要バランスによって商品の価値が異なります。ニーズ的な欲求が強く、解決策がなかったときは、ある程度高いコストを支払ってでも顧客はその商品を解決するために導入しました。しかし、論理的思考が普及して、誰もがニーズに対しての解決策を大量に見出すようになると、その商品が一般化して量販店でも取り扱われるようになります。結果的に価値が下がり、コモディティと化してしまうのです。

考えてみると滑稽です。ゲーム理論の「囚人のジレンマ」のように、論理的に解を出す作業を経済活動として必死に続けた結果、皆が同じような解決策を提示し、同じ市場の顧客にリーチするために、消耗戦になってしまうのです。

当然、ここで勝つためには商品軸そのものは同じなので、提供するためのコストとスピードが違いを生むためのポイントになります。日本企業の強さを考えると、コストとスピードは確かに強みの一つです。

1980年代、ボストン・コンサルティング・グループ（BCG）は、日本の自動車産業において、「コスト」と「品質」に次ぐ第三の競争コンセプトとして「スピード」を定義し、タイムベース競争論を展開しています。これは「同じような商品がある場合、手に入れるまでのリードタイムを短縮した企業に価値が出る」という概念です。また、同じ商品、提供時間であれば、当然に安く提供する企業に価値が出るのです。

整理すると、論理的思考が蔓延することで、企業が同じインプット、つまり経営環境に対して同じような解決策を示すことになります。その結果、時差はあるにしろ、企業が提供した商品や解決策は同じようなものになりました。そこで、次の競争の軸をスピードに求め、そして最後はコストに行き着きました。

しかし、この手法も論理的に解釈され、リバースエンジニアリングされ、欧米の企業でも同じように導入された結果、すべての企業が同じような打ち手を提供するようになり、差別化そのものがなくなってしまったのです。

ニーズ的な商品で市場が埋め尽くされた今、打ち手としての差別化は顧客のウォンツに目を向けて価値を提供することです。ニーズは顧客が望む最低限の欲求なので、ある程度属性や塊によって共通ですし、基本的な欲求なので分析そのものは苦労しません。

しかし、ウォンツは、顧客によって異なります。そのために顧客を〝個の客〟と捉えて正面から向き合い、〝個の客〟の目指したい姿に対して商品を提案することができれば、当然、その〝個の客〟は価値を見出すでしょう。

ただ、この作業は非常に手間がかかり、大規模に提供しようとすると、やはり論理的思考と標準化の波に押し寄せられ、コモディティ化します。したがって、価値ある商品でビジネスを行う場合は、規模を大きくすることがなかなか難しいのです。

8 イノベーションのジレンマ

多くの技術革新は、メインストリームの技術や製品コンセプトが、まったく異なったそれに置き換わる現象によって生じます。先発する企業は、自部門の事業を脅かす技術革新の変化は認識しているものの、自部門の企業規模が大きくなりすぎた組織は全体最適の判断ができず、部門最適で動く傾向が強くなります。

業界では無名の企業が、その技術革新を武器に徐々に新たな市場を創造します。大企業からすると、初期の段階は、そのような無名企業の取り組みは無視できる程度の小さな市場規模です。そのため、その技術革新によって生じる市場の可能性を過小評価します。現事業規模からすると、新しい革新が提供する市場規模が現時点で小さい、あるいは数字で予測することが難しいため、追従するか否かの投資判断を鈍らせてしまいます。

成熟した事業の多くは、過去の取り組みから、将来の事業予測をある程度は見積もることができます。したがって、既存の事業計画はある程度計画どおりに実行できます。一方、新規事業は、成長の可能性自体がまったくわからず、参入した事業が計画どおりにいかない場合がほとんどです。企業はこのことを理解しつつも、既存事業と同じルールで新規事業を管理し動かそうとしてしまいます。したがって、将来が明確でない事業に対しては、「ステークホルダーの了承を得られない」という呪縛にもかかってしまいます。大企業は、既存事業で用いている判断基準を新規事業でも使うため、新たな市場に参入しても組織の利益基準を満たせないと判断してしまいます。その結果、意思決定が遅れ、参入のタイミングを逃すのです。

技術革新や新しい概念が市場を創出する際、大企業になればなるほどジレンマが発生します。「**真っ当な判断をした結果、新たな破壊的技術よりも、既存商品の強化に経営資源を注ぐ**」というジレンマです。しかし、いくつかの破壊的技術はやがて既存の市場をも呑み込む規模に成長するのです。当然、その技術が成長するタイミングで大企業が参入しても乗り遅れ、フォローワーにもなれず、業界ともども縮小する運命をたどるのです。

第3部

How
ジョブ理論を実践する

第3章

ジョブを見つける際の心構え

1 あたりをつける

ジョブ理論を駆使すれば、新規事業が簡単に見つかるかといえば、そうとは言えません。しかし、ジョブを「**特定の状況で顧客が成し遂げたい進歩**」と捉え、それをどのように解決するかを考えるという視点を持ち、世の中を観察し、分析すれば、ジョブの発見に近づき、結果的にこれまで考えていなかった解決策を提供する可能性は高まるでしょう。

ジム・コリンズの『ビジョナリー・カンパニー4』（日経BP社刊）は、同シリーズ2作目の「飛躍する企業」をさらに補強した内容です。昨今の不安定な外部環境の変化に対して、どのように立ち向かえば良いかの指針としてドンピシャです。そして、その考え方は、ジョブハンティング（ジョブを見つけるための取り組み）の参考になります。すなわち、不安定な状況で何かを成し遂げる場合、あるいは不安な状態でジョブハンティングを行う場合、「**狂信的規律**」「**実証的想像力**」「**建設的パラノイア**」がポイントだと言うのです。以下、詳しく解説します。

狂信的規律

まず「狂信的規律」とは、一言でいえばブレないことです。一貫した価値観、一貫した目標、一貫した評価基準、一貫した方法を徹底することです。行動に一貫性を示すのです。ブレが生じると、やがて直径が4分の1インチのドリルに向いてしまい、4分の1インチの穴の存在を忘れてしまいます。常に「**自分は対象顧客のジョブを探し続ける**」というブレない心が大切です。そして、その心を継続する期間も短期間ではなく、一度継続しはじめたら永続させることです。その一貫性を保ちながら目標に向かって突き進むことを「狂信的規律」と表現しています（実際は、訳者のニュアンスでしょうが）。

実証的想像力

次に「実証的想像力」とは、不確実な状況に直面しても、他人や社会通念、権威筋や職場の同僚を見て手がかりを探さないことです。人にも慣性の法則が働き、すぐに自分の慣れた取り組みに戻ろうとします。「ミルクシェイクのジレンマ」の事例では、ドリルの穴から目をそらし、すぐに味やサイズやパッケージといったドリルそのものに焦点を当ててしまいました。そんなときは、常にジョブのレンズを掛け直し、科学的に実証できる根拠を頼りにするのです。つまり、**人から聞いたことや2次データばかりに頼らずに、自分で対象顧客の特定の状況を観察して、実験を繰り返し、具体的な事実と向き合う**のです。この実証的な基盤があれば、自ずと大胆かつ創造的なジョブの発見につながります。

建設的パラノイア

そして「建設的パラノイア」とは、たとえ良い状況であってもガードを崩さないことです。潜在的な脅威や環境変化はないか。常に自分たちのビジネスやそれらを取り巻く環境に対して監視を続け、アンテナを張り続けます。経営状況が良いときほど警戒心を高めることが大切です。**常に最悪のシナリオを認識し、その打ち手をシミュレーションする**のです。そのためには筋道を通して失敗しないための行動を繰り返すことです。「パラノイア」とは本来、ある妄想を終始持ち続ける精神病を示す言葉です。それを接頭辞に建設的とつけることで、安定的な状態でも不安定な状態でも気を緩めずに常に最悪の状況を考えていくことが重要だと説いているのです。

また、『ビジョナリー・カンパニー4』では、最初に南極点に到達したアムンゼンと、ほぼ同時期に南極点を目指しながら失敗したスコットとの比較が記されています。アムンゼンは毎日20マイル進むことを決めました。天候が厳しくて、状況が悪くても、行進を続けます。一方、スコットは行動を中断する日も存在しました。この差が達成か否かに関係したと言います。「狂信的規律」は20マイル行進そのものです。

「実証的想像力」を銃撃戦に続く大砲発射にたとえています。どのような科学的な手法であっても、初めの一歩は、そのデータを手に入れるために小さな実験が必要です。私はこれを、「**あたりをつける**」と言っています。前提条件や手がかりがなければ、それが正しいのか、間違っているのか、判断がつきません。そして、あたりがつかなければ、何からはじめて良いのかわかりません。したがって、初めての取り組みは行動することが正解です。

そのためのポイントは、低コスト、低リスク、あまり気を使わないで鉄砲を撃ちはじめることです。この時点でお金をかけすぎて倒れる人。あまりにも一歩が大きくて踏み出せない人。無茶な取り組みを初めから導入する人。初めの一歩が気になって結局なにもできない人がいます。小さくはじめ、深く考えず、リスクを小さく、少ないコストでまずは実験を繰り返すのです。そして、徐々にあたりが見えてきたら、「これかな」と思った箇所に、鉄砲を集中的に撃ってみて、確信できた時点で一気に大砲を打ち込みます。

これを継続しながら、次のようなことを考え実行します。初期は、鉄砲の命中率は悪いでしょう。しかし、徐々に鉄砲のあたり方を見ながら、鉄砲から大砲攻撃の精度を上げていきます。失敗を繰り返しても必ず何かを学ぶ姿勢を信じます。そして、すべてを教訓として受け入れます。**重要なのはその学びを再び実践に活かし、フィードフォワードすることです**。この繰り返しがジョブの発見にも有効です。

「建設的パラノイア」は死線を避けるリーダーシップにたとえています。これは明快で、絶対に死んではいけないのです。経営の世界でも倒産しても、再起することは可能です。しかし、死んでしまえば挽回の余地はありません。いかなるときも常に最悪の事態に備えましょう。特に成功しているときほど気が緩みます。そのためには準備と基本が大切です。

アムンゼンは、南極大陸を目指す際に、前もって突発的な出来事と不運に備えるために、現金などの手元資金を積み上げました。そして、バッファーとして余分に酸素ボンベを携帯するようにしました。これを行うためには、常に視点を小さくしたり大きくしたりするズームインとズームアウトを繰り返すことが重要です。

2 前提条件を整理する

ジョブを見つける前に行うことがあります。それは前提条件の整理です。「ミルクシェイクのジレンマ」での事例は、そもそも「どうすればミルクシェイクがもっと売れるのか？」という問いからスタートしていました。このとき、ファーストフードチェーンは、どのくらいの売上アップを考えていたのでしょうか。また、もし、そのことが達成できなければ経営はどうなるのでしょう。また、このプロジェクトを行う際に、どのような予算やチームが与えられているのでしょうか。同時に、少なくとも誰に対して、どのような成果をいつまでに報告する必要があったのでしょうか。

本書を手に取っていただいた方がジョブを見つける作業を行う際、前記のような前提条件を文章で整理しておくことが大切です。自分が経営者で意思決定権を持っている方ならば、どのくらいのプロジェクト規模で行うか、テストマーケティングの最低のハードルをどうするかなどを明らかにしておくと良いでしょう。また、企業に勤めているマーケターやイノベーターの方であれば、当然ながら上長の期待や部門全体の成約条件などを整理し、チームで確認と共有をしておくことをおすすめします。

たとえば、以下のようなものです。

・クライアントからの要望は○○
・○年後の売上目標
・自社のリソースである○○を活用する
・自社には○○の利害関係が存在する
・○○をテーマにジョブを探す
・初回の取り組みは、半年を目処に仮説とテストマーケティングの結果をまとめる

いかに大きな組織であれ、ヒト、モノ、カネ、時間、情報などの経営資源は有限です。したがって、前提条件が整理されていない取り組みはおよそ無茶苦茶なシナリオに発展する

ことが多いです。もちろん柔軟な発想や創造性にはゼロベースという考え方も大切ですが、前提を整理して、制約条件を認識した上での創造性が重要で、何も知らない創造性では、次のビジネスへの活用度合いが異なります。そのために前記のような設定をチームで整理した上で、自由な検討を行うことが大切です。

3 ジョブを見つける5つのポイント

ジョブ理論では、ジョブを見つけるためのポイントを5つ示しています（図表3－1）。

①身近な生活のなかでジョブを探す

ロードアイランド州の美術大学で出会ったブライアン・チェスキーとジョー・ゲビアの2人は、卒業後サンフランシスコに引っ越してすぐにエアビーアンドビー（Airbnb）の初期コンセプトを考えました。人口が過密するエリアで実際に宿泊施設を探す苦労から、自分が借りている部屋を活用して、短期的な宿として提供するというコンセプトでした。2人で共有して借りていた部屋に3名が泊まれるエアマットレスを準備し、さらに自家製の朝食を提供することで、簡易宿泊施設として貸し出したのです。彼らはジョブに関する知見を得るための〝はじめの一歩〟を自分自身の生活から見出したのです。

また、1日のアクティブユーザーが14億人を超えるフェイスブック（Facebook）は実名制のSNS（ソーシャル・ネットワーク・サービス）です。この個々人がアカウントを持ちネット上で交流するための仕組みは、創業者であるマーク・ザッカーバーグがバーバード大学在学中に考えたものです。天才との呼び声が高かった彼は放漫で内気な性格だったと言われます。そんな彼は大学で同じ授業を履修している他の学生のリストを参照できる「Coursematch（コースマッチ）」というサービスを開発しました。そして、次に画像格付けサイト「Facemash.com（フェイスマシュ）」をつくり、女子学生の容姿を格付けする仕組みを作ったのです。このアイデアは大学内で問題となり、立ち上げ後すぐにアクセス権が無効になりました。当時、このアイデアが女子大学生から総スカンをくらったことは想像できますし、大学のコンピュータシステムを混乱させたということで大学から査問される始末でした。しかし、このことが彼の起業家精神に火をつけ、後にフェイスブックを立ち上げるきっかけとなったのです。

このように「身近な生活のなか」はジョブの宝庫です。たとえば、日々の生活のなかで

図表3-1　ジョブを見つける5つのポイント

❶身近な生活のなか
❷無消費
❸その場しのぎの対応
❹できれば避けたいこと
❺意外な使われ方

浮かんだ「ひらめき」や、自分がこれまで獲得してきた顧客とのやり取りなどから、多くを学ぶことができます。そういった些細《ささい》なところから積極的にジョブに関するヒントを得るようにすると良いでしょう。

②無消費

「特定のジョブそのものに未だ解決策が提供されていない顧客は、何も消費することをしないため、無消費の状態にある」という考え方です。

世の中にLCC（格安航空会社）が出てきた結果、海外旅行に頻繁に行くシニア層が増加しました。また、前述のAirbnbも同様にこれまで無消費だった顧客の旅行体験を増加させるきっかけになっています。高齢化社会になり、アクティブシニアが増加したことで、高齢者向けのおむつにも火がつきました。従来のおむつは、いかにも障害や病気を持つ老人が使うというイメージでしたが、彼らのジョブを「楽しい生活を取り戻すこと」と捉えたメーカーは、見た目や販売形態を通常の下着と同じように考案し直しました。その結果、多くのシニアがより積極的に外出する機会を再び手にして、その企業も成長する機会を得ることができました。

③「その場しのぎの対応」に注目する

ジョブそのものは認識されており、さらに解決策も存在します。しかし、その解決策に満足しておらず、その場しのぎの解決策を選択している消費者に目を向ける考え方です。

引っ越しをする度に複数サイトを検索して一番安い見積もりを探した。車の購入をする際にも複数企業に見積りを依頼していた。このような経験を一度でもしたことがある人は多いでしょう。これらのジョブに対して、見積もり一括サイトは理にかなったサービスを提供しています。顧客の「その場しのぎの対応」にフォーカスしてジョブを見事に解決しています。

ある人材派遣会社は、派遣したスタッフが定着せず、何度も入れ替わることに注目しました。そこで、派遣先に自社の社員を一緒に送り込み、本来派遣先が行っていた派遣スタッフの定着や仕事の悩み相談を派遣元（自社の社員）で行うようにしたのです。すると、派遣スタッフの定着率が同業他社よりも高まり、派遣スタッフのモチベーションアップにもつながりました。派遣先のジョブを「派遣したスタッフが長く勤務すること」と、当たり前に定義したのがスタートでした。

他にも、グーグルが提供するサービスは「その場しのぎの対応」を見逃しません。たとえば、ホテルの宿泊や飛行機の予約、コンサートのチケットの予約などといった予定に関するメールをユーザーがGメールアドレスに受信すると、自動的にグーグルカレンダーの予定に追加されます。以前は、メールを受信した人が別途グーグルカレンダーを開いて予定を編集していました。ユーザーが何もせずとも、グーグルのサービスが自然に連携しているのです。さらにカレンダーに反映されたホテルに向かうとき、ホテルの場所を探すためにグーグルマップを開くと、今度は自然と宿泊先のホテルが地図に表示され、自分でホテル情報を検索しなくても簡単にその場所までアクセスできるようになっています。グーグルは、人がその都度、その場しのぎで場所を探していた行動を、自然と解決し、手間を省いているのです。

④「できれば避けたいこと」に注目する

親にとって、クリニックの待合室に子どもと長くいることは他の病気をもらう可能性があり、できれば避けたいことです。子どもクリニックの予約システムは、直前にスマホにメッセージで知らせてくれるため、スムーズに診察をしてもらい、他からの感染率を低減してくれます。

また、筆者の家の近くにある自転車屋は購買後のアフターサービスプログラムを有償で提供しています。通常の自転車屋でも、ちょっとした点検などは無償で行いますが、ある程度の金額をあえて顧客からもらうことで、顧客は逆にちょっとしたことや大きなトラブルでも自転車屋に自転車を遠慮せずに持っていきやすくなりました。「何となく持って行きにくい」という日本人独特の感覚を堂々と有償にすることで、逆に足を向かわせることに成功しています。

そのほか、あのアップルが提供するサービスも、この「できれば避けたいこと」の解決を図るものです。スマートデバイスが普及すると、それに応じて様々なアプリ（アプリケーション）が顧客の個別のジョブに対して解決策を提供してくれます。スケジュール管理であればグーグルカレンダー、交通機関の案内であれば「乗換案内」、SNSだったらフェイスブックやLINE、買い物だったらアマゾン、ニュース検索だったら〇〇、というように、スマホの画面上は多数のアプリで溢れています。しかし、一方で便利なアプリやサービスが増えるたびに、ユーザーは個別にIDを登録し、パスワードを設定しなければなりません。管理も大変ですが、アプリやサービスを使うたびにIDとパスワードを入力してログインするのは非常に面倒です。その点、アップルのスマホ（iPhone）は、指紋認証（Touch ID）によって、複数のアプリやサービスのIDとパスワード情報を自動的に紐づけて、ログインの手間が省けるように工夫しています。さらに、iPhone X 以降は顔認証システム（Face ID）の導入によって、より自然にアプリやサービスにアクセスできるようになっています。スマホのロック解除やアップルのオンラインストアの決済、また、アップルが開発したウェブブラウザである Safari でサイトを閲覧する際に、Face ID を使えば、保存済みのIDやパスワードを自動入力できます。まさに「できれば避けたいこと」を解決しているのです。

⑤「意外な使われ方」に注目する

重曹《じゅうそう》は本来調理用の商品でした。しかし、各家庭では掃除や歯磨き、脱臭など企業が想定していない用途で使われていました。そこで、ある企業は多様な用途での商品開発を行い、今では関連商品の売上が調理用途の10倍以上の売上を達成しています。

そのほか、筆者はあるとき、古い茶碗を壊してしまいました。そこで、友人に金継《きんつ》ぎの仕方を教わりました。金継ぎ用の漆は非常に高価で入手しにくいです。しかし、釣具屋には釣り竿を組み立てる材料としてチューブ入りの漆が安価に販売されています。友人は、その漆をすすめてくれ、今では金継ぎの漆として重宝しています。

以上説明した「ジョブを見つける5つの視点」も、ジョブハンティングのあたりをつける方法として活用すると良いでしょう。ただ、万能薬は存在しません。常に試行錯誤して、日常的に考えるからこそ、「**特定の状況で顧客が成し遂げたい進歩**」が見えてくるのです。

4 ジョブの定義

ジョブの定義は、**「特定の状況で顧客が成し遂げたい進歩」**です。「顧客」の「特定の状況」と「成し遂げたい進歩」を観察や分析を通して整理していく過程で見つけることができます。そして、それぞれの分析結果からジョブを短い文章として定義します。

文章で示す際は、**「(①特定の状況)で(②顧客)は(③成し遂げたい進歩)ということを解決したい」**と表現します。当然、このままの文章だと、やや杓子定規な表現になりますので、多少のニュアンスや表現は変えていただいて結構ですが、構成要素の3つは必ず含めることを心がけましょう。

「ミルクシェイクのジレンマ」の事例では、2つのジョブをそれぞれ次のように表現することができます。

【ジョブの定義】

〈事例1〉

（①通勤時間の退屈な運転）で（②自動車通勤する人）は（③退屈せずに、ある程度お腹も満たしたい）ということを解決したい。

←

以上をもとにジョブの定義を整理

「自動車通勤する人は、毎日の繰り返しの通勤時間を退屈だと考え、また昼間は一気に仕事に集中したいため、ある程度の小腹も満たしたいと考えている」

〈事例2〉

（①休日、朝から夕方まで子どもと過ごしている状況）で（②子どもの世話をする父親）は（③優しい父親の気分を味わいたい）ということを解決したい。

←

以上をもとにジョブの定義を整理

「休日に子どもと一緒に時間を過ごす父親は、朝から夕方までの時間帯において、時には疲れ、時には子どもに対していらだちを覚えるが、基本的には自分自身が優しい父親だったという気分を味わいたい」

このように、顧客の「特定の状況」と「成し遂げたい姿」に対して、様々な分析結果を整理して簡単な文章にすることで、組織が注目すべきジョブを端的に理解しやすくなります。

5 ジョブスペック

顧客のジョブを文章で表現できたら、次は**ジョブスペック**を特定します。

ジョブスペックとは、ジョブを解決したい顧客に対して、**企業がどのような顧客体験を提供するか**を文章で示したものです。

通勤中の退屈な運転に対して、チョコレートやバナナも一度は雇用されています。しかし、その際に手がベトベトして運転の妨げになったり、食べかすがボロボロこぼれて繰り返し雇用しなくなったり、食べた後のゴミの始末が案外面倒であったりと、顧客はジョブを解決する際にも、様々な体験を解消したいと感じています。したがって、この事例における顧客体験としては、「運転しながらでも食べることができる」ということが大切なのです。

顧客体験を無視して商品開発を進めると、商品を中心としたスペック定義になります。たとえば、「ミルクシェイクのジレンマ」の事例でもあったように、商品の味や容量、材料をどのように工夫するかなどです。この場合、商品をつくることはできるでしょうが、商品を開発するチームは、その商品が顧客のジョブをどのように解決するかを考えないまま、商品づくりに没頭することになります。結果、商品としては良いものができるかもしれませんが、ビジネスとして成功する確証は得にくいでしょう。

参考までに、「ミルクシェイクのジレンマ」の事例でジョブスペックを分析した例を示します。

【ジョブスペック】
（ジョブ軸）
・食べ終わるまでに20分程度は最低必要
・運転しながらでも食べることが可能
・食べ終わった後のごみ処理が簡単
・腹持ちが良く、健康の面でも最低限はクリア

〈製品軸〉

・バナナ味、容量180ml、果汁30％

顧客は何らかのジョブを解決するために商品（製品やサービス）を購入します。ジョブを発見して、ジョブスペックに落とすまで、次のようなステップを踏むことで発見しやすくなります。

〈ステップ1〉

顧客を特定します。新規事業の場合は、市場の特定からスタートし、既存事業の場合は、既存顧客の購買後の状況を細かく観察することが顧客特定のヒントになります。↓第4章で詳細に解説

〈ステップ2〉

特定の状況を理解します。顧客を特定した後は、顧客がどのような問題を抱えているかを見ていきます。ポイントは、何かの瞬間を前と最中と後に分けて、それぞれの状況をス

トーリーとして見ていくことです。↓第5章で詳細に解説

〈ステップ3〉

顧客が成し遂げたい進歩を探します。この際、顧客のジョブを機能的側面だけではなく、感情的、社会的な側面を合わせて検討することがポイントです。3つの目的を同時に考えることで、これまで見ていなかった領域に視野・視点を広げることができます。↓第6章で詳細に解説

〈ステップ4〉

障害を特定します。顧客が成し遂げたい進歩に行き着くまでに阻害する要因がないか、注意深く探します。顧客は不完全な解決策を選択して、埋め合わせの行動をとっている場合もあります。↓第7章で詳細に解説

〈ステップ5〉

ジョブの定義とジョブスペックを文章で定義します。ステップ1からステップ4を行っ

た後、ジョブ理論の全体を把握するためにフレームワークに当てはめて整理します。↓第10章で詳細に解説。

第4章

顧客

1 対象顧客の分類

ジョブは、「**特定の状況で顧客が成し遂げたい進歩**」です。顧客は自分自身が置かれている状況に対して、何らかの不満を抱えており、その状況を良くしたいと思っています。

ジョブハンティング（ジョブを見つけるための取り組み）のスタートは、**対象顧客を特定すること**です。しかし、一口に「対象顧客」といっても、多種多様に存在します。新規事業の場合と、すでにある事業をベースに行う場合では、対象顧客の捉え方がまったく異なるでしょう。新規顧客の場合は何らかの事前調査や分析を行い、顧客のあたりをつけることが大切です。また、既存顧客の場合は、既存顧客のデータや購買行動を基に、やはり顧客としてのあたりをつけることがスタートとなります（図表4－1）。

対象顧客をある程度絞り込むことができたら、次は**その顧客が特定の状況に対して何ら**

図表4-1　対象顧客の分類

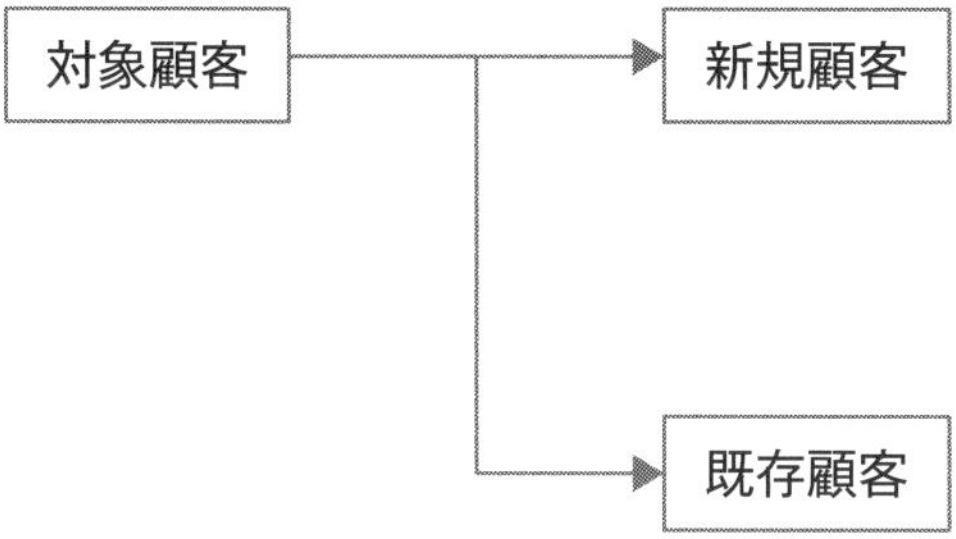

かの不満を認識しているかどうかを探っていきます。当然ながら、多くの顧客は特定の状況に対して、なんとなく不満を持っているでしょうが、そのことを明確に自分で認識し、言葉で表現する顧客はごく少数です。顧客の多くは、なんとなく今の状況に対して不満を持っているのです。また、その不満にまったく気がついていない場合もあるでしょう。したがって、**対象顧客の一連の行動を観察することが重要**です（図表4－2）。

　特定の状況を観察した後は、**その顧客がどのような「ありたい姿」「成し遂げたい進歩」を捉えているかを考えます**。成し遂げたい進歩に対しても明確にイメージできている顧客のほうが少数ですので、やはりこれも顧客の観察と分析によってあたりをつけていくことが大切です。時には、マーケターなりイノベーターが「ミルクシェイクのジレンマ」の事例のように、対象顧客にインタビューすることも大切です。対話を通じて顧客の頭の中に存在する「ありたい姿」を引き出していきます。

ポイントは「ジョブ」という切り口を常に意識することです。そして、対象顧客の特定の状況から成し遂げたい進歩を捉え、そこからジョブを見つけ出すのです。難しく捉えずに、素直に「顧客の現状」と「ありたい姿」の2地点と向き合うことができれば、自然とイノベーションを勝ち取ることができるのです（図表4－3）。

図表4-2　特定の状況に対しての不満の認識

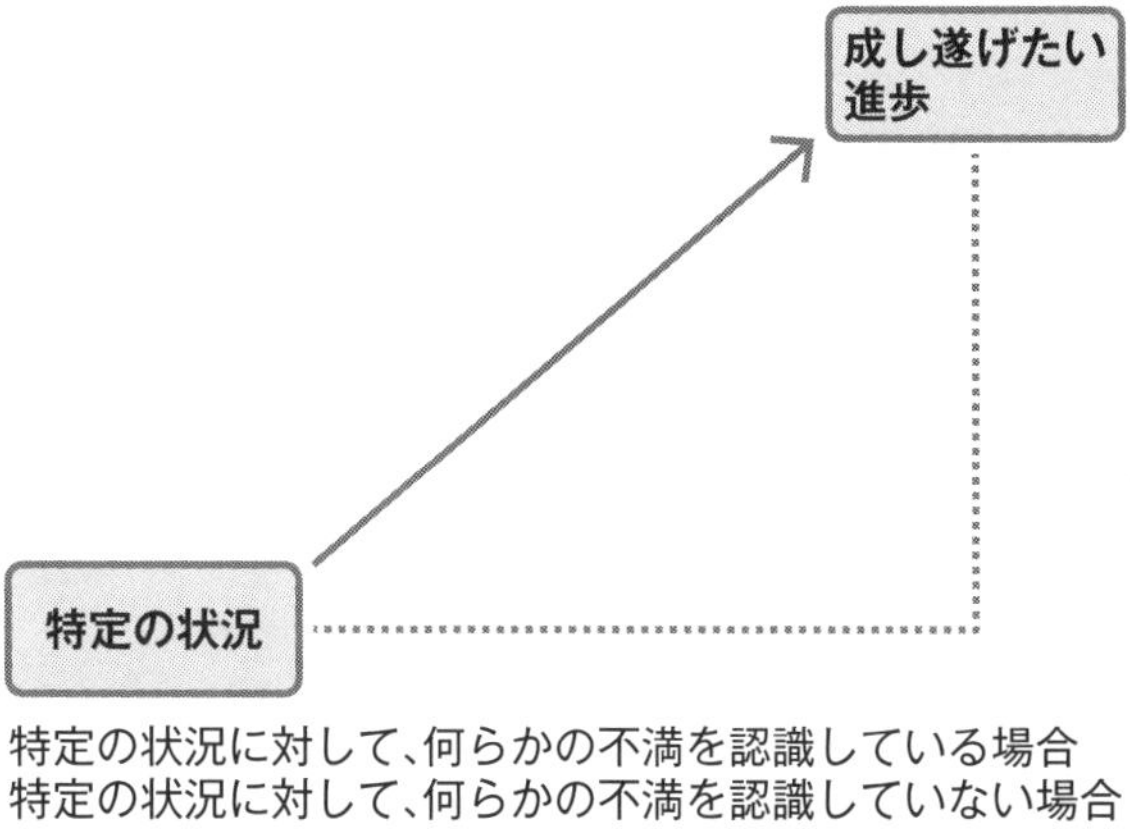

特定の状況に対して、何らかの不満を認識している場合
特定の状況に対して、何らかの不満を認識していない場合

図表4-3　ジョブハンティングの手順

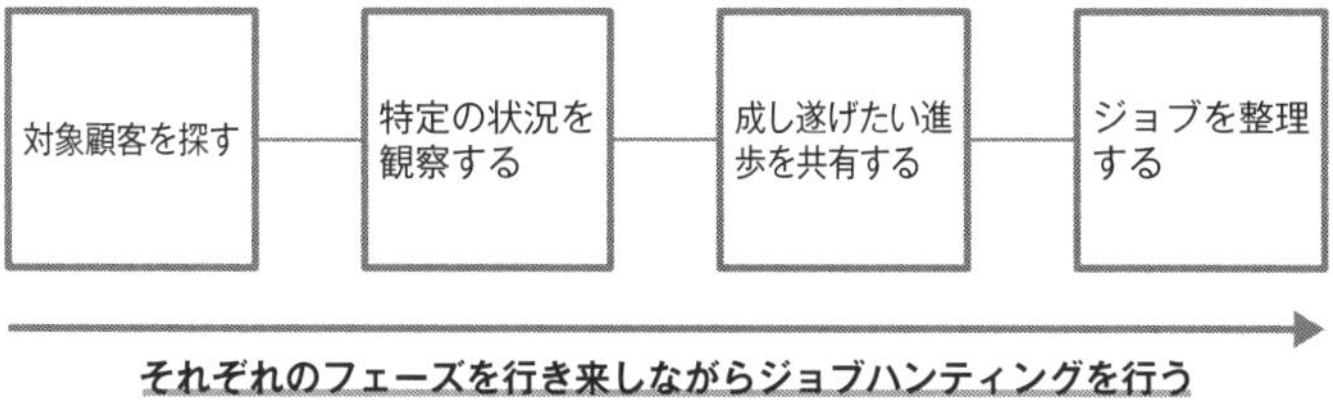

2 新規顧客

ジョブとは**「特定の状況で顧客が成し遂げたい進歩」**ですが、誰に対しての特定の状況を観察するかのあたりがなければ、暗中模索、五里霧中になります。一方で、少数の変数から答えを導く公式が存在することはありません。イノベーションを導くためには、複数の切り口と機能を持ったツールを統合的に活用することで、初めてその輪郭が見えてきます。ここでは新規顧客のジョブのあたりをつける方法を紹介します(図表4－4)。

新規ビジネスにおいては、世の中全体に視点を向けてビジネスチャンスを見つけます。顧客の特定の状況を観察するには、まず何らかのチャンスを見出して、対象市場を大まかに定義することが必要です。そのためには、**対象市場を大きな視点（マクロ分析）と小さな視点（ミクロ分析）で捉え、特定した市場の過去から現在までの大まかな把握と、その市**

図表4-4　ビジネスチャンスの発見からあたりをつける

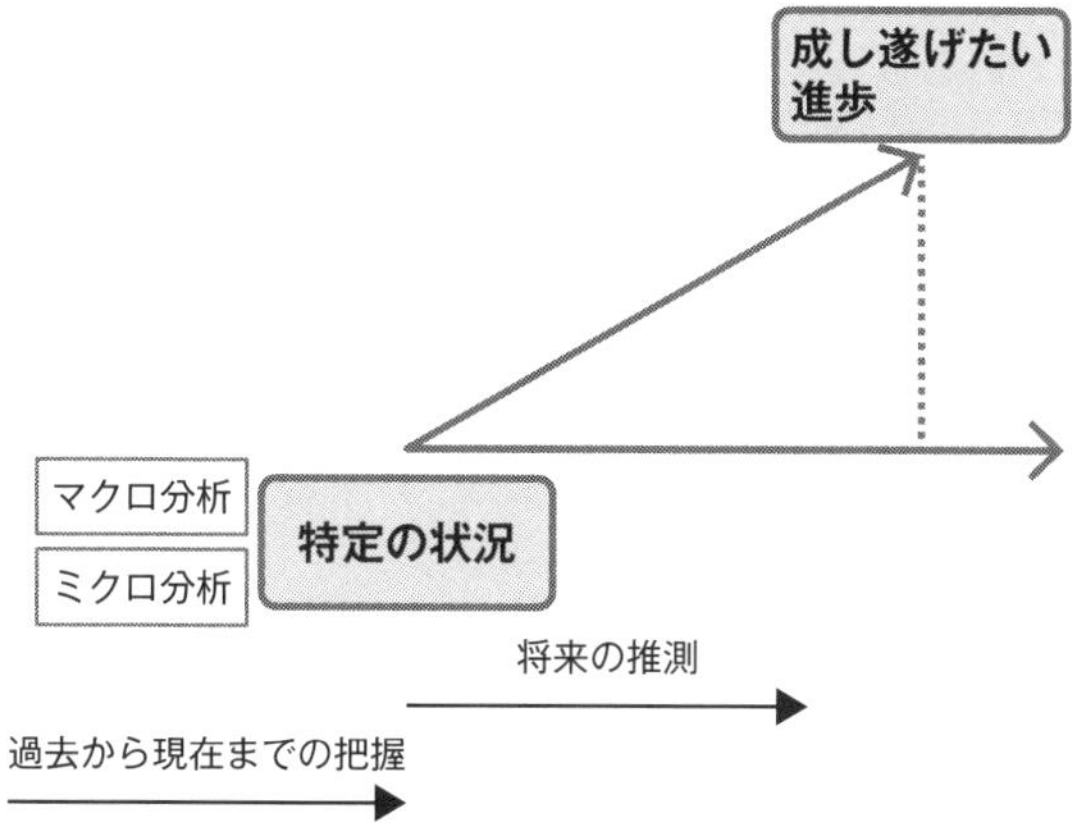

場の将来を推測するなかで、特定の顧客の何らかの不満を見つけ出します。

　マクロ分析は、世の中の動向を広範囲で捉えて分析することで、どの領域にどのようなジョブがあるかが見えてきます。一方、ミクロ分析は、企業が何らかの事業活動を行っている場合、対象顧客やその顧客の集まりを「市場」として定義します。そして、その顧客がジョブを解決するために比較購買する商品が存在します。これらを「競合」と呼びます。また、ジョブを提供するためには「自社資源」の把握も必要です。ミクロ分析はこれら3つの視点でジョブの可能性を見出します（図表4－5）。

　当然、すべての情報を正確に網羅すること

図表4-5　マクロ分析とミクロ分析

P	
L	
E	
S	
T	
E	

マクロ分析

市場顧客	
競合代替	
自社資源	

ミクロ分析

ジョブを見つける「あたり」を探る

はできません。そこでポイントを絞って取り組みます。ドラッカーは「**知らないことについて事業はできない**」と言っています。企業が必要な情報は何か、その情報をどのように入手するのかを組織で共有し、理解すると良いでしょう。企業は、自分たちだけでビジネスを行っているわけではありません。ビジネスに影響を及ぼす様々な要因は企業の外部にあります。そうした要因にも目を配り、ジョブを見つける領域を探ります。

　分析する際、いきなりネット検索したり、リサーチ業者に依頼したりするのも良いですが、そもそも社内リソースとして、どのようなデータがあるのかを少し調査してみましょう。大企業であれば、戦略立案やマーケティング目的でマクロ分析やミクロ分析は必ず行われています。また、企業規模が小さくても、網羅的ではないにしろ何かしらの調査や分析結果は存在することでしょう。まずは、社内にどのようなデータがあり、活用できそうな情報があるかを把握して整理します。

その際、**データの種類に注意が必要**です。データには1次データと2次データがあります。前者は、データを分析する主体がデータを直接取得して加工したデータです。後者は、第三者によって集められたデータ、もしくは第三者が加工したデータを指します。

通常、1次データを取得して分析するには時間とコストがかかります。したがって、あたりをつける際は2次データを活用する取り組みが一般的です。その際、「2次データはデータを分析した人の意図が含まれていることが多い」ということを理解しておきましょう。2次データの場合、実際の現象とデータ分析の結果では偏りが生じることが多々あります。社内データを活用する場合は、「誰が、どのような目的で調査した資料なのか」を把握して確認することで、誤った理解を防ぐことができます。

あたりがついたら、次は1次データで実際に現場に行き、インタビューや行動観察の手法を使ってジョブを見つける取り組みに進みます。

参考までにマクロ分析とミクロ分析の考え方を説明します。すでに理解している方は読み飛ばしてください。また、詳細を知りたい方は別途書籍やネットで検索して、知識や考え方などの補足理解を行ってください。

マクロ分析

マクロ分析は、企業がコントロールできない要素について調べることです。したがって、統制不可能で業界内の企業とも無関係に起こる現象が多いです。

マクロ分析を行う場合、政治（Politics）、法律・規制（Legal）、経済（Economy）、社会（Social）、技術（Technology）、環境・エコロジー（Ecology）の頭文字をとったＰＬＥＳＴＥの視点で整理します。

① 政治・法律・規制

政治や法律・規制は、国や地方自治体レベルの決定事項です。企業としてコントロールすることはできません。一方で企業活動に大きな影響を与えることが多く、例外がない限り、急に施行されることはありません。したがって、これらを事前に知ることで、その前後で誰かの特定の状況が困難になることがあります。ここにジョブが潜んでいます。

② 経済

経済は不確実性が高い分野です。経済成長率や個人の消費動向、株価や金利、為替の推移などを見ながら、誰かの特定の状況が困難になることがないかを考えます。

③ 社会

社会環境の変化や、顧客のライフスタイルや消費者動向の変化、人口構成の変化などを見ていきます。人口の変化は、労働力、市場、社会的圧力、経済的機会と、事業活動を行うベースとなる社会の最も基本的な動きです。すでに始まっている人口の変化は正確に予測ができる側面もあり、ジョブのあたりをつけやすいです。

④ 技術

技術革新の変化によって、業界が大きく変わり、新たなビジネスモデルが誕生することは歴史が物語っています。古くはヘンリー・フォードが発明した生産ラインからインターネット。近年ではＩｏＴやビッグデータ、ＡＩを駆使した自動化や効率化が大変注目されています。このような技術革新の裏にどのようなジョブが隠れているかを探してみましょう。

⑤環境・エコロジー

環境やエコロジーがビジネスに与える影響を考えます。環境経営やＣＳＲ（企業の社会的責任）という言葉に代表されるように、企業は社会的な存在として法令遵守や利益貢献といった成果を果たす必要があります。また、地球環境への負担を削減するための活動も大切です。「ジョブ」という視点で観察すると、新たな発見がたくさん見つかるでしょう。

ミクロ分析

ミクロ分析では、事業環境において直接的に影響を与える環境を整理しながらジョブのあたりをつけます。ミクロ分析を行う場合の視点は、「顧客や市場」、顧客が比較購買する対象である「競合や代替商品」、そして「自社」です。

①顧客や市場分析

「96％の顧客は企業が提供する商品に不満を持っていても行動を起こさない」と言われます。いわゆる〝サイレント〟という行動です。企業が積極的に顧客に近寄り、顧客の声を聞き、観察しなければ、そのような存在を知ることはできません。不満の内容を分析することで、新たなジョブの発見につながる可能性は高いでしょう。

近年、ＩＴを駆使して顧客の声を視覚化する取り組みがさまざまな企業で行われています。しかし、それらの声を分析して、そこから見えるインサイト（洞察）をジョブに落とし込む作業を行う企業は少数派です。顧客の声や行動が価値を生むのは、それらの声を掘り下げ、実際に顧客に確かめ、ジョブとして定義してからです。顧客や市場は、実に多くのビジネスチャンスを秘めています。

ドラッカーは**「顧客と市場を知るのは、顧客のみ」**と言っています。顧客や市場について企業が知っていることは間違っていることが多いからです。そこで顧客に聞き、顧客を観察し、顧客の行動を理解することで初めて、**「顧客が誰で、顧客が何を行い、何に価値を感じているのか、なぜ購入しているのか」**を知ることができます。顧客・市場分析においても、顧客とのコミュニケーションは最も大切なことなのです。

②競合や代替品分析

ジョブの発見において、顧客が商品の検討、購買をする際に、比較検討する相手を調べることで、何かしらのあたりをつけることができます。とくに、次の3点を重点的に見ると良いでしょう。①比較相手は誰か、②その相手と自社との違いは何か、③その相手は顧客にどのようなアプローチをとっているかです。

競争相手は同業他社にとどまらないことがポイントです。直接の競争相手と見なしている商品が真の競争相手でない場合があるからです。そこで、競争相手を俯瞰的に捉えるために、マイケル・ポーターが提唱する業界構造全体を分析する考え方「**ファイブ・フォース分析**」が有用です。

ファイブ・フォース分析とは、業界を取り巻く視点を5つの方向から分析します。すなわち、「業界内の競合」「新規参入の脅威」「代替品の脅威」「買い手（顧客）の交渉力」「売り手（サプライヤー）の交渉力」です（図表4－6）。

〈業界内の競合〉

業界内の競合を整理し、それぞれの競合の立ち位置を理解します。競合同士に違いがな

図表4-6　ファイブフォース分析

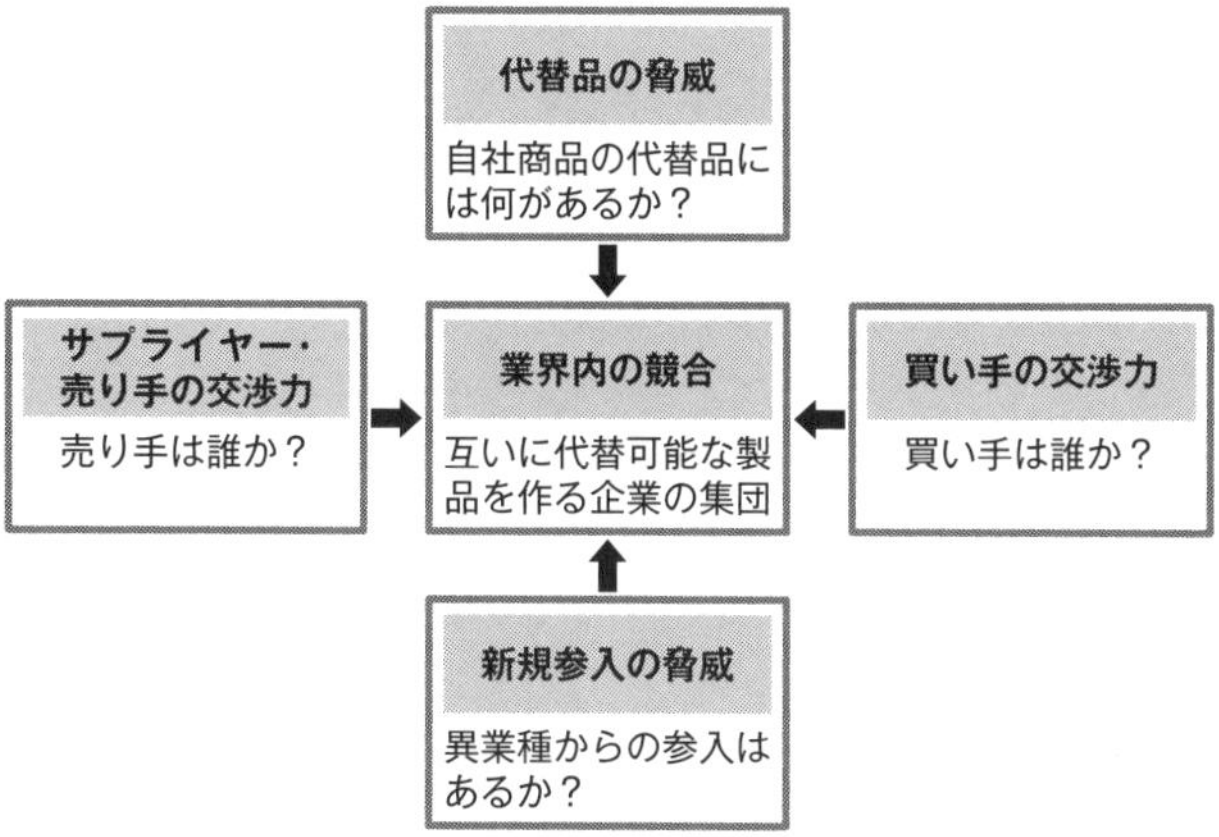

ければ価格競争に陥るでしょう。その場合、消極的なジョブが多く観察されます。棲み分けができていて均衡状態であれば、競合同士が牽制するあまり、進化が止まっている可能性もあります。

〈新規参入の脅威〉

潜在的な競合企業を分析します。新規参入の可能性が高ければ、業界競争は激しくなるでしょう。企業同士は、差別化を図るか、価格を下げざるを得ません。新規参入が多いということは、そもそも参入障壁が低いことを表し、市場が成長している証でもあります。

〈代替品の脅威〉

自社が認識している競合以外に、顧客はどのような比較購買を行っているかを整理します。代替品が思わぬところにあり、新たなテクノロジーの可能性も、逆にローテクによる解決だって考えられます。ジョブの目的を機能的ジョブに集中すると代替品は見えにくいです。感情的ジョブ、社会的ジョブを合わせて考えながら、代替品を整理していきます。

〈買い手（顧客）の交渉力〉

サプライチェーンの下流を観察します。多くの場合、企業と顧客の力関係を見ます。多くの企業が顧客の言いなりになっている状況でも、ある企業は顧客からの指名買いの場合があります。果たしてその違いは何か、ジョブのあたりが見つかる可能性が高いです。

〈売り手（サプライヤー）の交渉力〉

サプライチェーンの上流を観察します。ジョブは「特定の状況で顧客が成し遂げたい進歩」ですから、サプライチェーンの下流に新たなジョブの可能性があることが多いでしょう。ただ、業界全体のサプライチェーンを俯瞰することで、調達や製造などの上流工程にも新たなジョブの可能性が見つかるかもしれません。

このように業界を少し高い視座で俯瞰することで、顧客が成し遂げたい進歩が垣間見える可能性があります。顧客が片づけるジョブを広い視野で捉え、ジョブのヒントがありそうな部分はさらに深掘りして調査してください。

③ 自社分析

自分たちの強みや弱みをあらかじめ整理しておきます。ジョブを発見しても、自社が何をできるかを知らなければ解決できないでしょう。強みや弱みは相対的な概念で、状況に応じて陳腐化する可能性があります。また、強みはビジネスに活用されて、初めて強みと言えるでしょう。

強みや弱みを整理する簡単な方法は、該当事業のバリューチェーンを整理することです。バリューチェーンとは、企業が商品（製品・サービス）を顧客に提供するまでの事業活動の一連の流れを示した概念です。大きく直接価値を生み出す主活動と総務や人事、経理などに相当する支援活動の2つに分かれます。

自社の強みの分析といっても、慣れていない人は「技術力」「知名度」「信頼」など、極めて抽象度が高く、全体感のある記述しかできません。そこで、バリューチェーンごとに

図表4-7 バリューチェーン分析

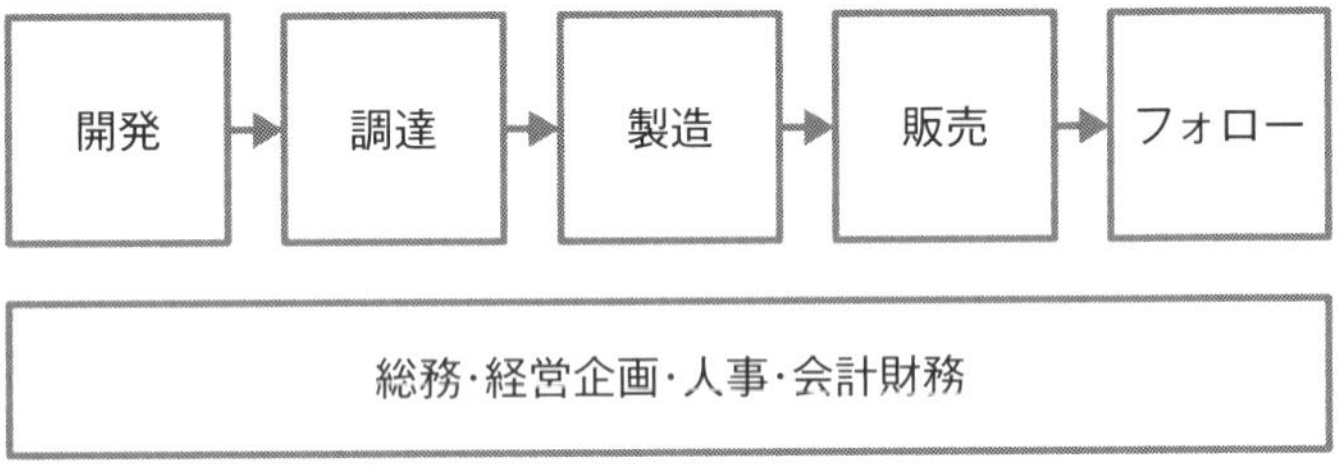

強みや弱みを分析することで、細かく中身を把握した分析が可能です。

たとえば、「開発の強みや弱みは何か？」とか、「調達の強みや弱みは何か？」という具合に、バリューチェーンごとに事業の強みと弱みを整理していきます。合わせて、**「どこで価値を生み出しているのか？」**という視点でバリューチェーンを分析することで、企業の価値の源泉も見えてきます（図表4－7）。

ちなみに、ある視点においては自社の強みだと感じられても、他社が相対的に強ければ競争優位とはなり得ません。内部リソースの確認に加えて、定期的に外部との違いも確認することをおすすめします。

強みは時に技術革新や代替品の登場により

瞬時に陳腐化することもあります。今は大丈夫でも、将来的に陳腐化すれば真の強みとは言えません。また、強みは自社が展開するビジネスにおいて発揮されなければ意味がありません。ドラッカーは「**自ら陳腐化させる**」と表現し、強みの改善と自らのスクラップ&ビルドをすることが、攻めの発想で強みを維持することだと指摘しています。

3 既存顧客

ジョブを見つけるために見落としがちなのが既存顧客の分析です。とくに、企業規模が大きな組織やビジネスモデルが確立して一定の期間が経過している組織ほど、実際の顧客からの声が届きにくい仕組みができあがっています。そこで「**コンタクトポイント**」「**バリューチェーン**」「**購買プロセス**」「**非顧客**」などの視点でジョブのあたりをつける方法を紹介します。

コンタクトポイント

コンタクトポイントとは、企業と顧客の接点を意味します。広告や販促活動のように企

図表4-8 コンタクトポイント

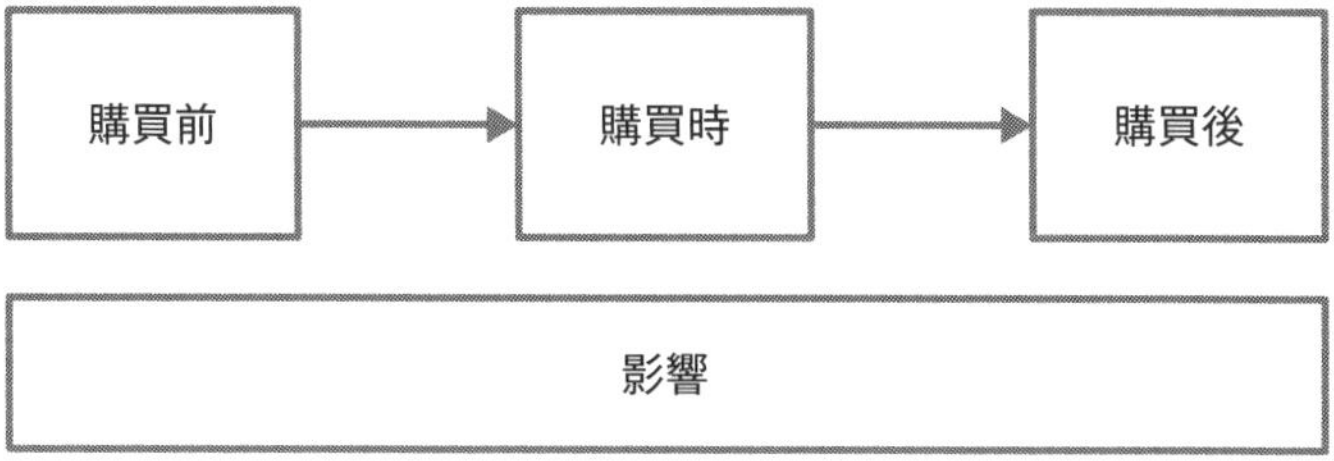

業が意図的に発信する接点もあれば、口コミのように顧客から発信される接点もあります。コンタクトポイントは、①「**購買前コンタクトポイント**」、②「**購買時コンタクトポイント**」、③「**購買後コンタクトポイント**」、そして④「**影響コンタクトポイント**」の4つに分類されます。

それぞれのコンタクトポイントに焦点を当てて、特定の顧客の状況を観察し調査することで、何らかの不満や企業が認識していないビジネスチャンスを発見できるでしょう（図表4－8）。

① 購買前コンタクトポイント

顧客が商品を購入するまでの企業と顧客の

接点です。顧客がその商品を選択、評価する際に購買の決定に大きな影響力を持ちます。広告や口コミ、ウェブやＤＭ、ＰＲ活動やスポンサー活動などが該当します。顧客が購買前コンタクトポイントと接しているときに、顧客が何らかの不満を感じていないかをジョブのレンズを通して観察します。

②購買時コンタクトポイント

顧客が商品を実際に購買する際の企業と顧客の接点です。営業部隊や販売員、店舗ディスプレイやパッケージなどが該当します。購買前コンタクトポイントを受けて、実際に購買活動を手助けする重要な接点です。ここにもジョブのレンズを通して特定の状況で何か不具合が発生していないかを観察します。

③購買後コンタクトポイント

顧客が商品を購入した後の企業と顧客の接点です。顧客は商品を購入してから使用します。当然、顧客は商品の使用を通じて何らかの問題を解決します。ここに企業の接点が薄くなれば、リピート購買をしなくなる、他社に浮気する、使用そのものをあきらめてしまうなど、企業にとって不都合な選択を与えるきっかけになります。製品・サービスの利用、運搬や設置、顧客サービス、顧客満足度、定期メンテナンスや突発時の対応などが該当します。購買後コンタクトポイントは4つのコンタクトポイントのなかで最も企業の取り組みが浅いので、ジョブの発見にはもってこいの場所です。また、ジョブ理論もこの重要性を明確にすることからリトルハイアとして定義しています。

④ 影響コンタクトポイント

前記3つのコンタクトポイントを除くすべての顧客接点です。企業と顧客を間接的に印象づける働きを持ちます。アニュアルレポートや各種レポート、採用活動や社内報、ベンダーやサプライヤー向けの提案などが該当します。ここに対してモレなくジョブのレンズを通して観察することは難しいですが、新たなジョブが見つかる可能性はあるでしょう。

バリューチェーン

バリューチェーンは、企業が価値を生む流れを図式化した概念です。顧客と接する部門

図表4-9　バリューチェーンの下流であたりをつける

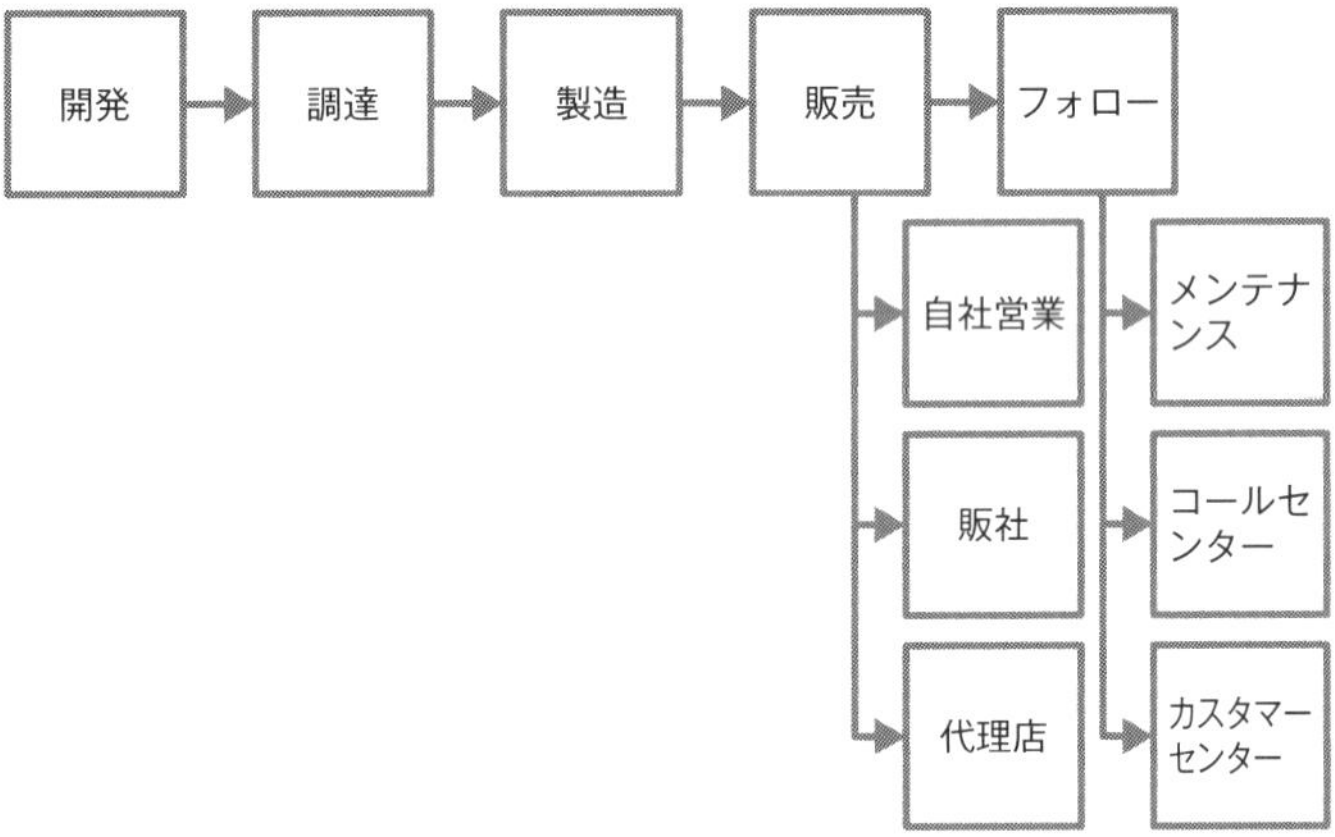

はバリューチェーンの下流に位置する場合が多く、伝統的な企業はバリューチェーンの上流に資源を投じて、販売やフォローをおろそかにしている場合があります（図表４－９）。

多くの企業は、研究開発など、技術力を向上させることでビジネスを成功させてきました。そのような組織は、商品の販売を自社営業部隊で行うも、多くは販売専門の販社を別に組織化しています。また、代理店を活用し、実際顧客との交渉や取引を外注しているケースが多数あります。その結果、顧客と接する部隊は、販社や代理店が中心となり、顧客の生きた情報が構造的に研究開発部門やマーケティングや企画部門に共有されないようになっています。

そのため、企業はいつの間にか属性（性別や年齢や地域など）を顧客ターゲットの指標として用い、購買理由を明らかにする作業を飛ばして、商品を提供することに焦点を当てはじめます。こうなると「なぜ、誰が、何を買うのか？」のなかの購買理由がないがしろにされます。そして「誰が、何を買うのか？」ということばかりが議論され、結果的に、顧客の議論が属性ありきになり、同時に商品開発そのものにフォーカスした組織ができあがります。結果的に、「商品は良いものだけど、売れない」という状況が蔓延するのです。

このことは、バリューチェーンの川下に相当する顧客フォローにも同様の現象が観察できます。ジョブにフォーカスすると、顧客は商品を購入してからはじめて自分のジョブを解決することがわかります。しかし、そのレンズを通して見ていないため、企業は顧客に商品を販売することを企業のゴールと捉えてしまっています。顧客のジョブにフォーカスすると、顧客は特定の状況から成し遂げたい進歩に近づくために商品を購入します。そして、その商品を購入することで、初めて顧客が抱えている問題を解決するスタート地点に立つことになります。「**購入は顧客にとってのスタート**」という概念は非常に重要です（図表4－10）。

前述のギャップを認識していない企業は、コンタクトポイントとして最も重要な顧客フ

図表4-10　購買は企業のゴールではない

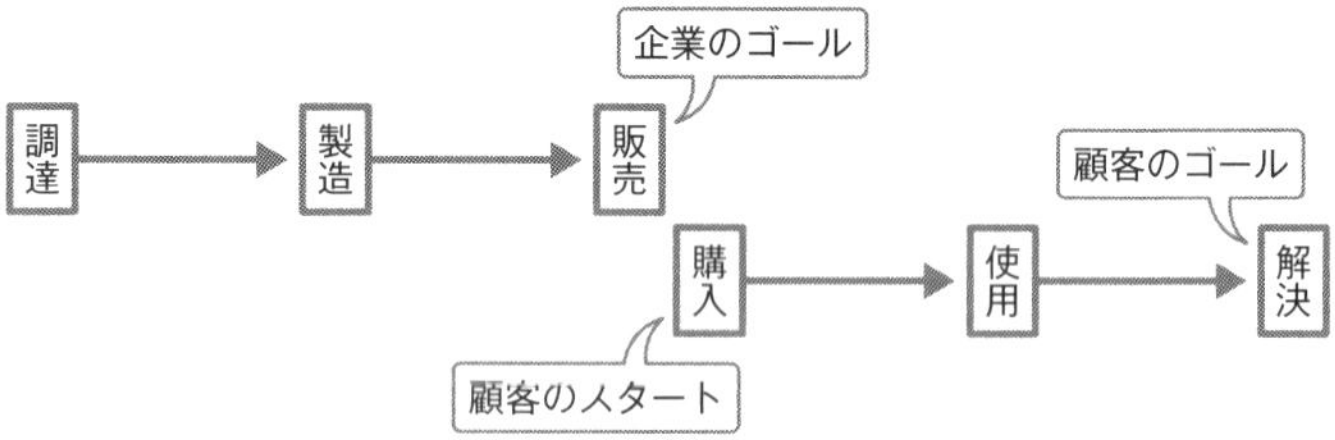

ォローの組織を外注しています。コールセンター やカスタマーセンター、メンテナンス部隊などが相当します。これらの部門が外部に委ねられると、それぞれの機能は別組織として活動を行うため、部門最適な取り組みになります。顧客がなぜ商品を購入したのか、どのような使途で使っているのか、どのような目的で購買したのか、どんな不具合が起きているのか、何か変わった使い方はないかなどを調べ、川上の依頼を受けた企業の研究開発部門と共有する発想などは到底ありません。しかし、実は顧客フォローに近い組織は、顧客のジョブをたくさん知っている可能性があり、宝庫なのです。

家電量販店に行けば、たくさんのメーカー

の商品が販売されています。メーカーは商品の販売を量販店の店員に委託しています。顧客は特定のメーカーや商品を指名買いする場合を除き、店員の提案や話を聞いて商品を選ぶことが多いでしょう。当然、ベテラン販売員は「顧客がなぜ購買するのか」という理由を把握しており、頭の中で無意識に整理して、それをうまく活用して顧客に提案します。メーカーは、そのような優秀なスタッフがいることに気がついていても、別組織であるために、川上である研究開発部門やマーケティング、企画部門などと情報を共有する取り組みに時間を費やすことをほとんど行いません。

繰り返しになりますが、販社、代理店、メンテナンス、コールセンター、カスタマーセンターには、ジョブを発見する潤沢な可能性が秘められています。

購買プロセス

既存顧客の定義を少し広域で捉えてみます。企業の販売活動を振り返ると、購入に至る顧客よりも途中で何らかの理由で購買しなかった顧客が多いと思います。これまでは購買した顧客に焦点を当てましたが、購買に至らなかった顧客を分析することで新たなジョブ

図表4-11　購買プロセスの分析

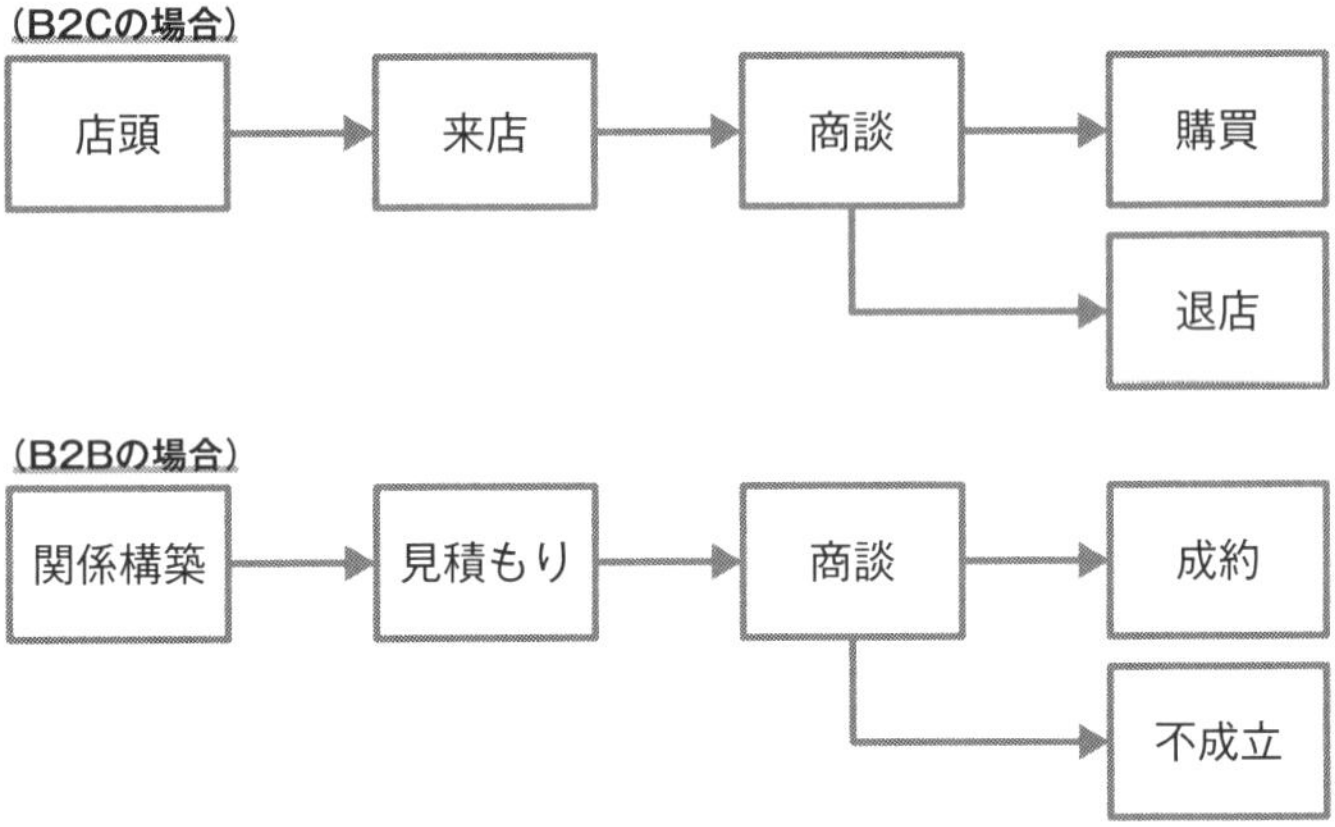

を発見することができます（図表4－11）。

たとえば、B2Cビジネスでは、店頭に来た顧客を接客し購買に至る場合と、そのまま退店する場合が考えられます。しかし、購買プロセスを見れば、購買した顧客と退店した顧客は同じプロセスを経ていることがわかります。一方は購入に至り、一方は購入せずに退店します。同様にB2Bビジネスでは商談後に成約する顧客と不成立の顧客がいて、やはりそれまでの購買プロセスは同じです。一方は成約に至り、一方は不成立です。

このような状況は実際のビジネスで頻繁に観察できるでしょう。そこで退店した顧客や不成立だった顧客にフォーカスして、「なぜ、購買に至らなかったのか？」「何が障害だったのか?」などを研究することで、企業が把握していない顧客のジョブが見つかる可能性があるのです。

非顧客

ドラッカーは「**30%の市場シェアであれば巨人である。しかし、それでも70%は自社のモノを買ってくれない。我々はその70%について何も知らない**」と言っています。この70%に相当するのが非顧客です。

非顧客の概念は、チャン・キムとレネ・モボルニュが提唱した『ブルー・オーシャン戦略』(ダイヤモンド社刊)にも登場しています。ブルー・オーシャン戦略では、非顧客の分類を、①「**消極的な顧客**」、②「**利用しないと決めた顧客**」、③「**市場から距離を置く顧客**」の3つに分類しています。

非顧客の分析に示す非顧客①は「消極的な顧客」です。企業との関係性が薄く、いつでもスイッチして良いと思っていて、いつでも他の企業の商品に浮気する可能性がある顧客層です。この顧客層は商品を積極的に買うわけではありません。できれば代替品ですませ

図表4-12　非顧客の分析

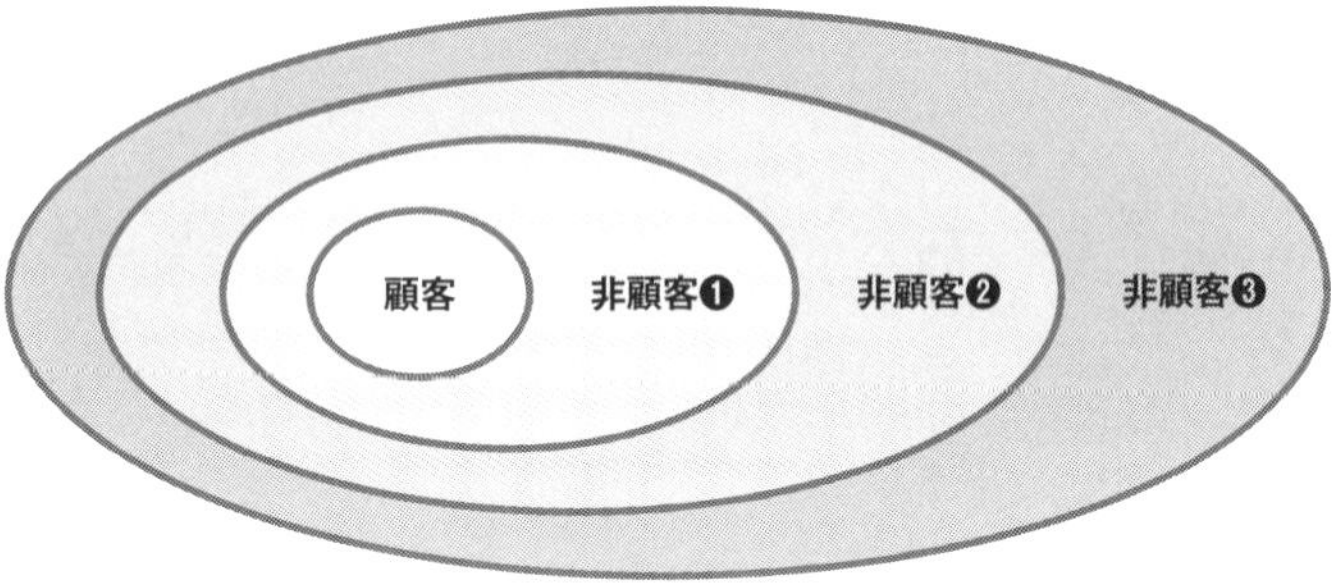

❶すぐ浮気、最低限の利用、スイッチャー
❷検討した結果使わない意思決定
❸企業も顧客も顧客になると思っていない

たいと思っています。多くは、消極的なジョブを解決しているからです。そして、このジョブを分析すると新たな発見を見出せる可能性があるのです。

非顧客②は、利用しないと決めた顧客です。該当商品やその商品を取り扱う業界に対して否定的なイメージを持つ顧客層です。これまでの購買行動や購買後に強い不満や不都合な経験をしていて、その商品を買わないことを選択しました。したがって、ジョブのレンズを通して、**「どんな経験がそのようにさせたのか」「その障害の本質は何だったのか」「その状況を変える進歩はあるのか」**などを検討すると良いでしょう。

非顧客③は、市場から距離を置く顧客です。

企業との関係もない顧客です。同じ業界の製品や代替品も利用していません。機能的なジョブよりも、感情的なジョブ、社会的なジョブのレンズを通してこの層のジョブを捉えることができれば、大きな市場が見えるはずです（図表4－12）。

4 行動観察とインタビュー

「特定の状況で顧客が成し遂げたい進歩」を見つけるには、会議室を出て実際に顧客がいる場所に飛び出すことが近道です。その際の有力な方法に「行動観察」と「インタビュー」の2つがあります。

行動観察とは、無意識な顧客の行動を観察して、その行動のなかに潜む顧客が成し遂げたい進歩を見出し、言語化する調査方法です。また、インタビューは対象顧客から現行商品の要望や不満な点などを直接聞き出して顧客のジョブを発見する調査方法です。

「ミルクシェイクのジレンマ」の事例でも、行動観察とインタビューはセットで行われています。通常、どちらか一方の分析を行うよりも行動観察とインタビューを合わせて行うほうが、より顧客のジョブを発見しやすくなります。行動観察で特定の顧客のジョブのあたりをつけて、インタビューで確認します。あるいは、インタビューで特定の顧客から話を聞いて、不特定の顧客の行動を観察します。

行動観察

行動観察を実施する場合、3つのステップで行います。すなわち①**「観察方法の検討」**、②**「観察結果の整理」**、そして③**「顧客のジョブの特定」**です。

たとえば、すでに複数店舗を持つ企業では、行動観察を行うターゲット店舗を抽出します。そして、「どのような商品に顧客が興味を持つか」「どのようなルートをたどってその商品棚に来たか」「その後、どのようなルートをたどってレジに行くか」「どのような商品と一緒に購買されているか」「どのような時間帯に商品を購買するか」などを観察します。とくに、顧客が無意識に行っている行動や表情をよく観察して、隠れた顧客のジョブを探ります。

次に、観察結果を整理します。資源がリッチな企業であれば、観察した結果を持ち寄って、それぞれ観察部隊の結果を共有しながら、顧客のジョブや可能性を議論していきます。

その際、企画部隊など、1つの部隊だけではなく、その商品に携わる上流工程から下流工程のすべてのバリューチェーンに関係する部隊の社員を集めながら意見交換やアイデア出しをすると、隠れたジョブをチームで認識することができるようになるのでおすすめです。チームで観察結果を共有、議論、整理した後は、その結果をベースに顧客のジョブを特定していきます（図表4－13）。

インタビュー

インタビューを行う場合、以下の3つのステップで行います。①**「インタビュー方法の検討」**、②**「インタビュー結果の整理」**、そして③**「顧客のジョブの特定」**です。

インタビューの場合、行動観察をした上で対象顧客にインタビューする方法と、対象顧客をいくつかのグループに分けてインタビューするグループインタビューの方法の2つがあります。どちらの場合も、積極的に相手の考えを引き出す質問を与えては傾聴することを繰り返し、顧客が無意識に、あるいは言語化していないジョブを見つけ出すことがポイントです（図表4－14）。

図表4-13　行動観察

図表4-14　インタビュー

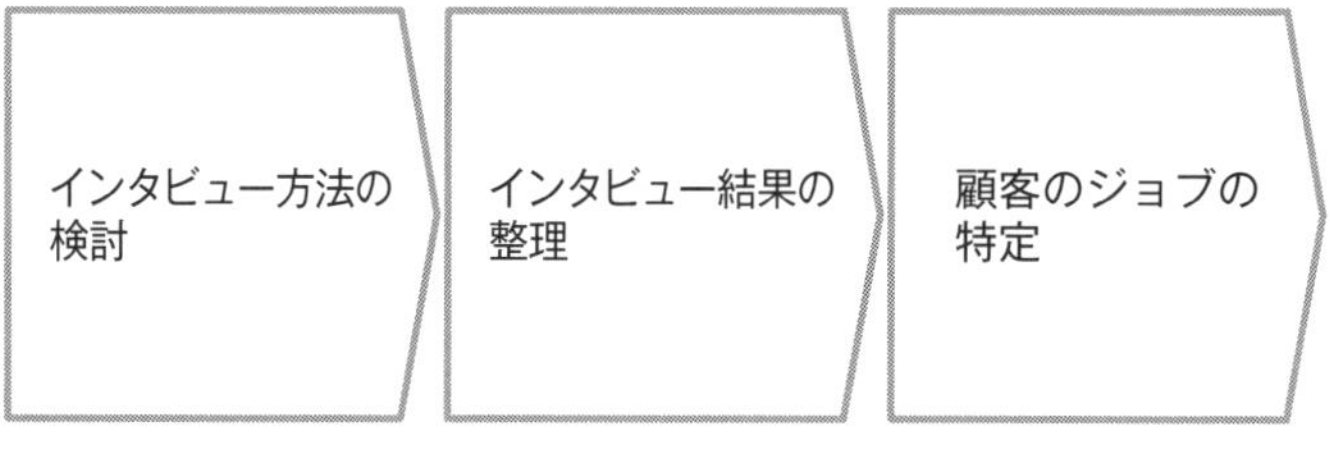

5 顧客を表現する

ジョブ理論は、顧客が商品（製品・サービス）を購入する理由を明らかにして、それにまつわる解決策を提供する考え方です。したがって、顧客の特定をした後、顧客のジョブを見つけるために顧客の表現方法に工夫が必要です。

通常のマーケティングでは、顧客を特定する際にセグメンテーション分析を行い、顧客セグメントを特定していきます。たとえば、「30代地方在住の男性」「アクティブな趣味を持つビジネスパーソン」と表現してターゲットを絞りこみます。その際、顧客を特定する際の切り口として、性別や年齢、職業、所得などの人口特性や、地域や人口規模などの地理的特性、趣味や趣向などの心理的特性、そして購買量や購買回数などの購買行動などをセグメントの切り口として活用します（図表4－15）。

図表4-15　セグメンテーション分析の例

❶切り口となりそうな軸を並べる

地域（●、▼、■、…）
趣味（□、■、★、…）
ベネフィット（●、☆、◆、…）
目的（■、☆、◆、…）
など

❷軸を選択してマトリックスをつくる

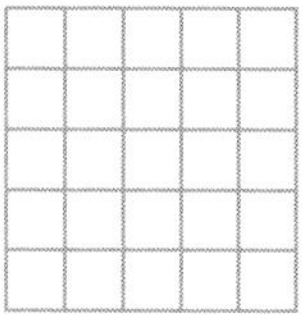

❸作成したマトリックスを分析する

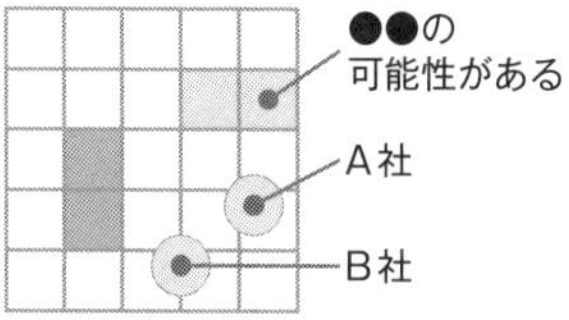

❹❶から❸をくり返す

上記を行う過程で市場が整理され、これまで見えていなかったセグメントを発見する。ポイントは、いきなりターゲットを絞り込まないで、試行錯誤しながら様々なカテゴリーを組み合わせる。

しかし、ジョブ理論では、顧客属性である「男性か女性か」「大企業か中小企業か」「裕福か貧乏か」といった要素をあまり考慮せずに、**その顧客がその状況で「なぜ、その行動をとらなければならないのか」を徹底的に分析して、定性的に、文脈として、ストーリーで表現していきます。**その際に活用しやすい手法にペルソナがあります。

ペルソナの活用

ペルソナは元々心理学用語で、外的人格や「仮面をかぶった人格」という意味で使われていました。それがマーケティングの分野では、**「架空の具体的な人物として定義した顧客プ**

図表4-16　ペルソナの事例

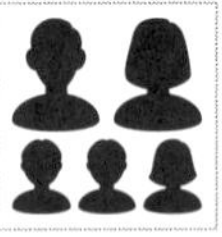

児多和利家
～どこかコダワリのある自分スタイルを持つファミリー～
夫：児多和利太郎
妻：児多和利花子
子ども：３人

太郎は35歳。社会的にも、自分的にもやりがいのある専門職が職業である。大きな責任を背負っているし、それなりの自負とやりがいも感じている。

花子は30歳。主婦業が中心だが、ちょっとした仕事、趣味、学校行事などで多忙である。家庭以外でもそれなりに必要とされる場所がある。

２人は、住まい以外に、高価なものではないが、それぞれにこだわっているものがある。そして、その他に共通してこだわっているものがある。ともに、そのこだわりを人に話したり、見せたりするのが好きである。たまにつまらないことで喧嘩もするが、２人の間には信頼と愛がしっかりある。２人には３人の子どもがいる。もちろん可愛いと感じているが、過度な親ばかぶりを発揮する子育てスタイルではない。

児多和利家がB社に決めた理由！

- お洒落（人･家･事務所）、スタッフ／会社の雰囲気、フィーリング、同じ感覚、実績と理想の合致、人柄、スタッフの姿勢
- フルオーダー、オリジナル、ライフスタイルの考慮、現場主義
- ワンストップなトータルサービス
- 信頼
- 自分のことのように親身、一生懸命、お客様本位、物件に関する思い
- 無理難題への取り組み、変更／急な変更への柔軟性、問題発生時の対応力、素早さ
- モノづくりの楽しさや難しさを実感できる、共創

ロファイル」という意味合いで使われるようになりました。商品を開発する際や、商品を見直す際にペルソナを用いて顧客像をより詳細にチームで理解することが目的です。

地方都市で注文住宅の企画から設計、施工、販売を手がけているB社は、ペルソナを使ってすべての部門で顧客を定性的に表現して共有しています。理想的な顧客に児多和利（こだわり）家と名前をつけて、夫、妻、二人の子どもを定義して、「普段どのような生活をしているのか」「どのようなこだわりがあるのか」「お互いが何を考えているのか」などの定性的な情報と顧客をイメージしやすいように写真などを添えてA4サイズ1枚程度でペルソナを表現しています（図表4－16）。

セグメンテーション分析だと、複数の切り口を組み合わせてマトリックスをつくって表現するため、情報がかなり断片的です。しかし、ペルソナを使って表現することで、実際の人物が実在しているかのように、顧客を詳細に定性的に捉えることができます。そして、顧客を定性的に捉えることで、その顧客の特定の状況やその顧客が成し遂げたい姿をより具体的にイメージできるようになります。

ペルソナは、顧客を定性的に表現する手法としても便利ですが、大きな組織や成長を続ける組織では、ペルソナを整理する過程で、あらゆる部門で共通の顧客認識が持てることも重要なポイントです。

ペルソナの利点

ペルソナを活用するメリットは4つあります。

1つ目は、**顧客情報の理解が早まる**ことです。ペルソナはA4サイズ1枚程度の文章と絵や写真でできていますので、それを読めばマーケティングの知識がなくても特定の顧客を理解しやすくなります。また、ペルソナを関連する機能部隊のなかで横断的に共有することで、常に特定の顧客を意識した企画や開発や営業などができ、一貫した顧客志向の取り組みを行いやすくなります。

2つ目に、**部門間の円滑なコラボレーションを行いやすくなる**という利点があります。スタートアップ期や新規事業を立ち上げたばかりの部隊は、組織が細分化されていないので顧客を共通認識しない状況は起こりにくいです。しかし、大きな組織や成長スピードが速い組織は役割を細分化して効率を求めるようになります。その際、ペルソナを共通言語として活用することで、特定の顧客像を共通認識しやすくなります。そして「顧客のジョブの解決のために何をすべきか？」という命題のもとに取り組むので、部門が異なってもコラボレーションが生まれます。

3つ目は、**意思決定の促進**です。顧客像が明確にイメージできれば、「商品のスペックをどこまで詰めればよいか？」「どのような販売チャネルが理想か？」「どのような媒体を使って顧客にアプローチするとよいのか？」など、ジョブを提供する際の意思決定が容易になるでしょう。共通の意思決定を部門横断的に行えることで、ジョブの解決にフォーカスした取り組みに集中することができ、結果的に仕事時間や提供する際に発生するコストなども効率化されます。

図表4-17　ペルソナ活用の4つの利点

❶顧客情報の理解促進
- 専門でない人でも、顧客情報がわかりやすい
- 顧客像について常に意識した企画・開発・営業などが行われる

❷部門間の円滑なコラボレーション
- 部門間で共通の顧客像を意識できる
- 社内の異なる部門同士でコラボレーションしやすい

❸選択範囲を限定することで意思決定をサポート
- より具体的な顧客像があることで、スペックなどの意思決定が迅速になる
- 「万人を満足させる」から「ペルソナを満足させる」ことにより、企画やデザインが創造的になる

❹一貫したユーザー評価
- 共通の顧客像をもとに評価することができる

4つ目に、ペルソナを活用することで**特定の顧客をチームで認識する**ことができ、今後提供していくジョブの解決に対しても、一貫したユーザー評価を行えるようになります（図表4－17）。

ペルソナの作成

ペルソナは、どのような顧客かを定性的に表現するツールです。ジョブを見つける際に様々な分析や調査を行います。その際に得た購買履歴やアンケート調査などの定量的なデータと行動観察、インタビューなどで得た定性データをデータソースとして活用します。そして、マーケティング活動に関わるあらゆ

る組織の機能部隊、つまり企画、開発、生産、営業、販促などのすべてのバリューチェーンに関わる部隊が集まり作成することで、一貫した顧客の共通認識を獲得することができます（図表4－18）。

ペルソナを作成するまでの流れは、データソースからファクトイドを抽出し、それらをグルーピングします。そして、それらをもとにスケルトンを作成してペルソナを完成させます。以下、それぞれの流れを簡単に示します（図表4－19）。

①データソース

マクロ環境分析、ミクロ環境分析（市場分析、競合分析、自社分析）、コンタクトポイントの精査、バリューチェーン分析、購買プロセスの分析、非顧客の分析、行動観察、顧客インタビューなど、対象顧客のあたりをつけるための分析を行います。その際に得られた定量的、定性的なデータをすべて含めてデータソースとします。

②ファクトイド

ファクトイドは「事実として受け取られていること」という意味です。データソースに

図表4-18　ペルソナの作成

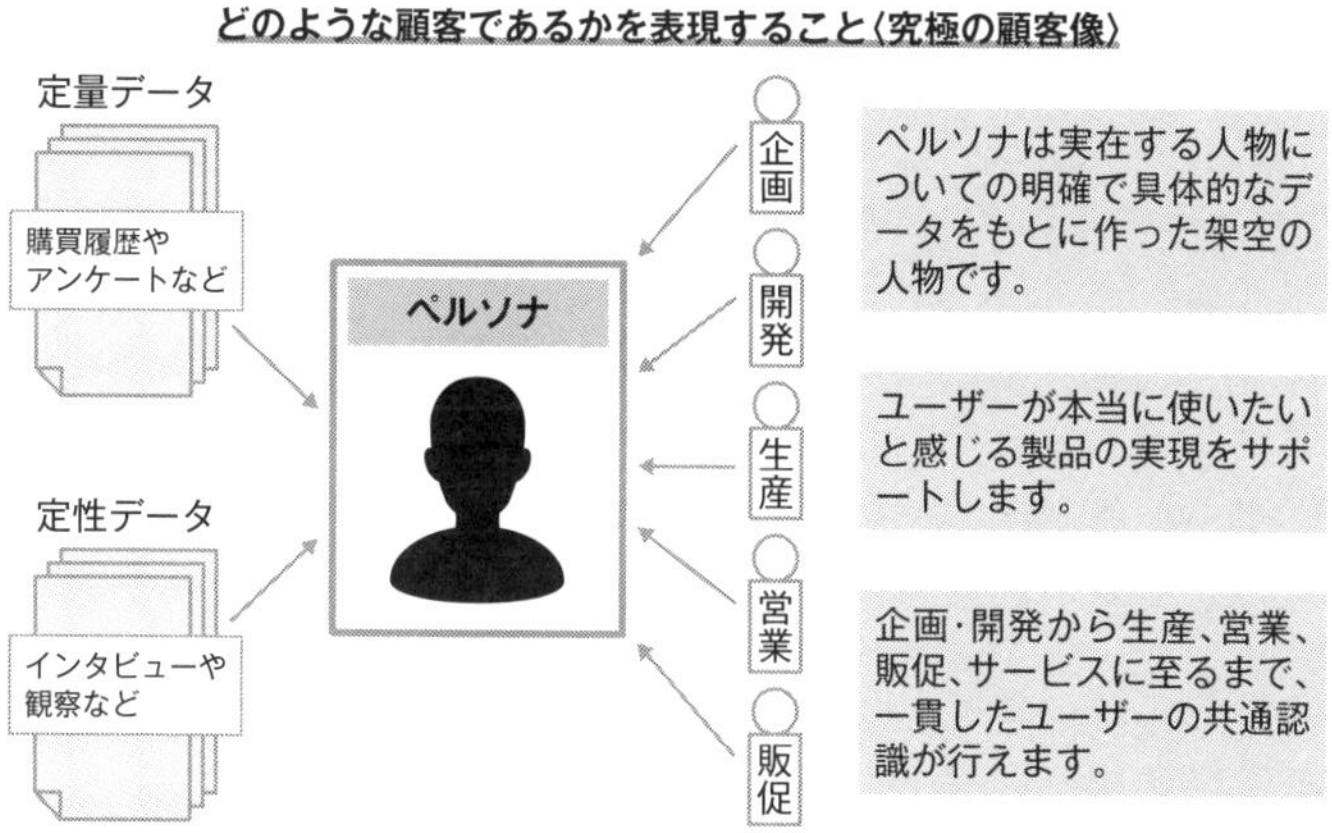

図表4-19　ペルソナ作成の流れ

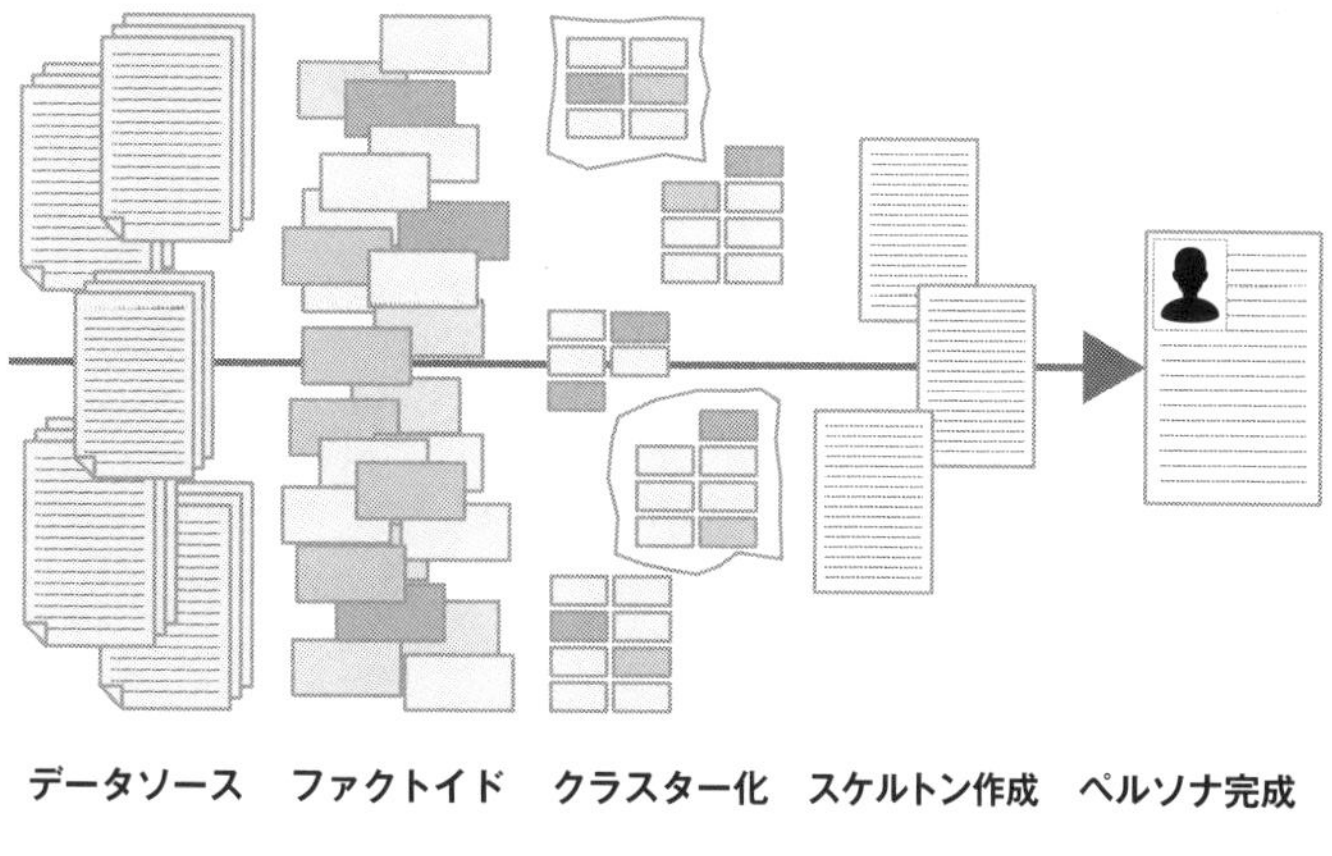

図表4-20　ファクトイドとクラスター化

コアチーム全員で取り組むことでユーザーに関する共通理解ができる

❶データソースからデータの要点（ファクトイド）を抽出する
❷データの要点（ファクトイド）を付箋に転記する
❸ユーザーカテゴリーのラベルを会議室の随所に掲示する
❹キーとなるファクトイドを統合する
❺グループにラベル付け、カテゴリーの編成をする

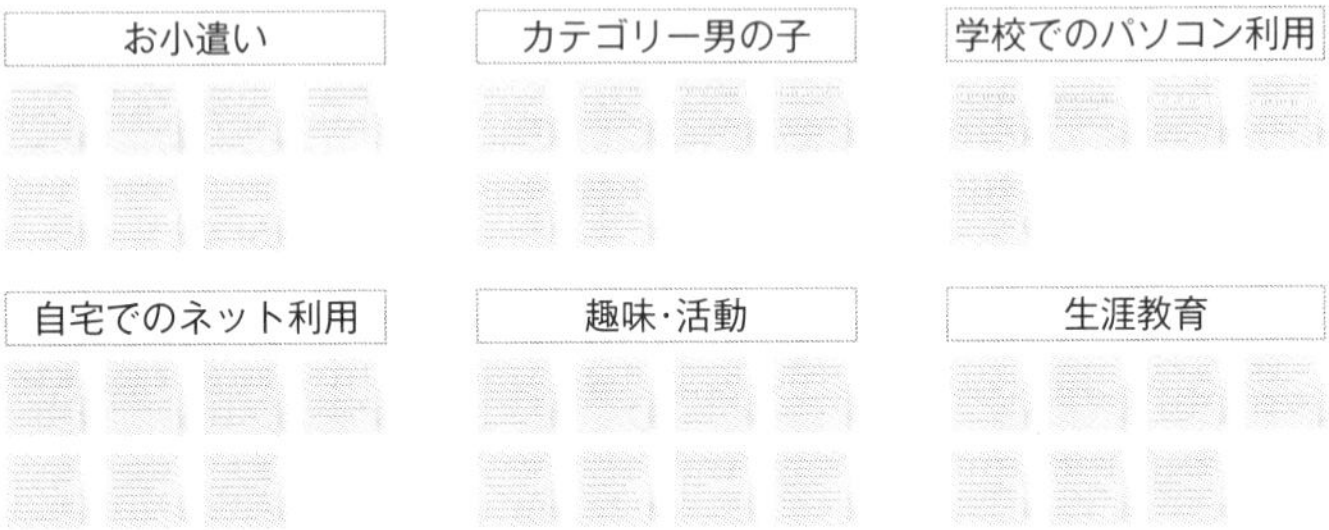

基づいた最小のデータ単位として、顧客に関係する事実をファクトイドとして抽出します。ペルソナは顧客を定性的に表現する手法なので、その顧客を構成する要素をできるだけ細かく抽出するのがここでの作業です。手法としては付箋を準備して、抽出したファクトイドを書き出します。

③ クラスター化

抽出したファクトイドを俯瞰しながら確認し、同じようなカテゴリー同士を並べてグループ分けしていきます。ある程度グループができあがったら、共通のカテゴリーに相当する名前（ラベル）をつけて全体を見やすくします。この作業は試行錯誤しながら、繰り

返し実施します。また、可能であれば、機能横断的なチームで取り組み、ペルソナを作成する過程から顧客を議論することで、顧客の共通認識をチームで高めることができます（図表4－20）。

④スケルトン作成

クラスター化したファクトイドをもとにスケルトンを作成します。スケルトンとは、顧客の目立った特徴を箇条書きにしたもので、ペルソナのもとになるデータです。クラスター化したデータを、ペルソナをイメージしながら顧客の特徴と詳細を箇条書きに整理していきます（図表4－21）。

⑤ペルソナ完成

スケルトンをもとに、具体的な細部の描写をデータとともに追加しながらペルソナを完成します。箇条書きの表現から物語的な描写にして、ペルソナのイメージに近いアニメや写真を追加して完成です。ペルソナは取り組むプロジェクトに応じて1体の場合もあれば、冒頭に紹介したように家族などの集団の場合もあります。また、複数人を同じ要領で作成

図表4-21　スケルトンの作成

スケルトンは、各ユーザーのカテゴリーに分けたデータの中から、はっきり目立つ特徴を箇条書きにしたもの

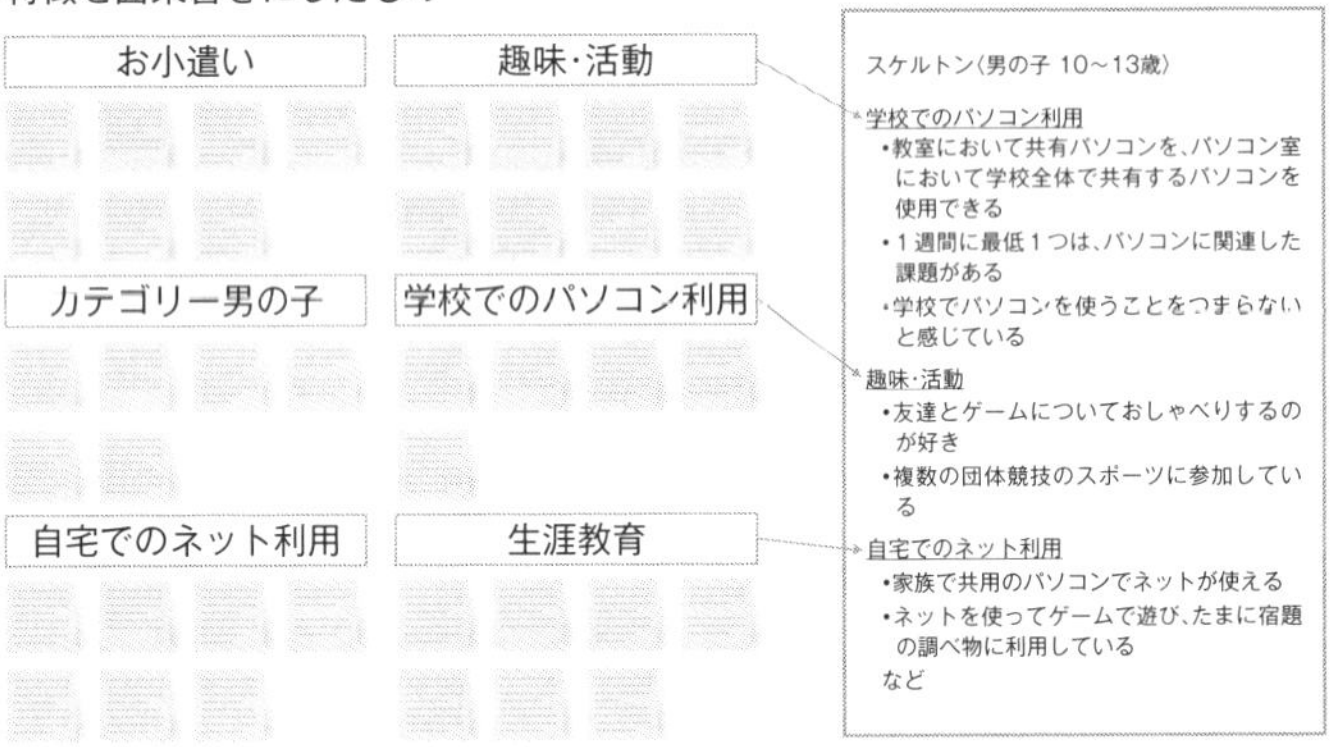

図表4-22　ペルソナの完成

スケルトン〈男の子 10～13歳〉

学校でのパソコン利用

- 教室において共有パソコンを、パソコン室において学校全体で共有するパソコンを使用できる
- １週間に最低１つは、パソコンに関連した課題がある
- 学校でパソコンを使うことをつまらないと感じている

趣味・活動

- 友達とゲームについておしゃべりするのが好き
- 複数の団体競技のスポーツに参加している

自宅でのネット利用

- 家族で共用のパソコンでネットが使える
- ネットを使ってゲームで遊び、たまに宿題の調べ物に利用している

など

➡

松本太郎（12歳）

太郎は12歳で６年生になったばかり。そのことを素敵だと思っている。週に１回のコンピュータ実習が大好き。休み時間はパソコン教室でソフトバンクホークスの情報や、試してみたい新しいゲームを探して過ごす。ここ数年、ママがちょっとしたことでも太郎に助けを求めるので、彼はコンピュータのプロだと思っている。

して、目的ごとにペルソナを使い分けることも可能です（図表4－22）。

ペルソナ作成時の留意点

本書はペルソナ作成がゴールではありません。ペルソナを作成することで顧客を捉え、顧客のジョブを発見し、あるいは整理して、マーケティングチーム全体で共有することが本質です。したがって、ある程度ペルソナの精度に注意するとともに、以下のポイントにも注意しながらペルソナを作成します。

①ファクトベースで実施

ペルソナは究極の顧客ですが、あくまでファクト（事実）ベースで作成します。したがって、思い込みや先入観が入らないように注意します。ペルソナの特徴は定量的に表現しにくい定性的な部分をストーリーとして表現する点です。環境分析で調査したファクトに加えて、行動観察やインタビューで得た1次情報も積極的に活用します。

②情報を整理する

ファクトイドの抽出からクラスター化において、膨大な情報が抽出されます。しかし、ペルソナのゴールはジョブの発見やジョブの解決に活用することです。大量な情報をすべて詰め込むと、反対にその後の作業が煩雑になり効果を失います。したがって、必要な情報に絞ることがポイントです。

③関係者全員がイメージできるように

ジョブを解決する組織が共通の顧客イメージを持つことで、意思決定の円滑化やジョブにフォーカスした取り組みを行えるようになります。したがって、複数の組織がペルソナを活用します。ペルソナを実際に作成しなかったチームでも、顧客像を共通に理解できるように工夫してください。ペルソナに関係する写真などのイメージは共通の認識を得やすくします。

④メンテナンスする

ペルソナは実像ではありませんし、実際に存在する人物でもありません。参照したデータソースも常に変化します。したがって、定期的に顧客の観察やインタビューを繰り返し、ペルソナもブラッシュアップしながらメンテナンスして活用することが重要です。

第5章

特定の状況

1 ビッグハイアとリトルハイア

ジョブとは、「**特定の状況で顧客が成し遂げたい進歩**」のことです。顧客のジョブはいきなり発生するものではありません。必ず発生するまでの背景が存在します。「ミルクシェイクのジレンマ」の事例では、同じ男性顧客でも、特定の状況の違いによって「退屈しのぎ」と「優しい父親の気分に浸る」とジョブが異なっていました。

顧客は特定の状況から成し遂げたい進歩を望んでいます。しかし、そこには何らかの障害があり、達成したくても実現できません。企業は顧客のジョブが発生する瞬間に何らかの商品（製品・サービス）を提供することができても、顧客の問題を解決したとは言えません。ジョブはその発生する前後において、連続的に発生するからです。

しかし、多くの企業は、顧客が商品を購買することにフォーカスし、顧客が購買した後のことには無関心です。したがって、顧客フォローに対して取り組みが薄いです。新規事業にやっきになる企業は多数観察しますが、既存の顧客にフォーカスして商品の使用におけるジョブを発見する企業は稀なのです。

「ミルクシェイクのジレンマ」の事例でも、どんな顧客が、どんな味のミルクシェイクを購買しているかにフォーカスしました。しかし、ジョブが明確になったのは、「顧客がなぜ購入して、どのように消費しているか」を観察し、インタビューしたからでした。顧客はマニアではない限り、ミルクシェイクそのもの、つまり機能的なジョブが購入の目的ではなく、感情的、社会的なジョブの目的で購買していることが多いのです。したがって、購買後の使用に注目することが大切です。

ジョブ理論では、顧客が商品を購入するタイミングを「**ビッグハイア（大きな雇用）**」と呼び、顧客が商品を購入した後に実際に使用するタイミングを「**リトルハイア（小さな雇用）**」と呼んでいます。企業は顧客分析に多大なる資源を費やして分析していますが、多くの場合、ビッグハイアに集中します。その理由は3つあります。①「**収益が購買によって発生すること**」、②「**時間の隔たり**」、そして③「**組織機能の細分化**」です（図表5－1）。

以下、詳しく解説します。

図表5-1　ビッグハイアとリトルハイア

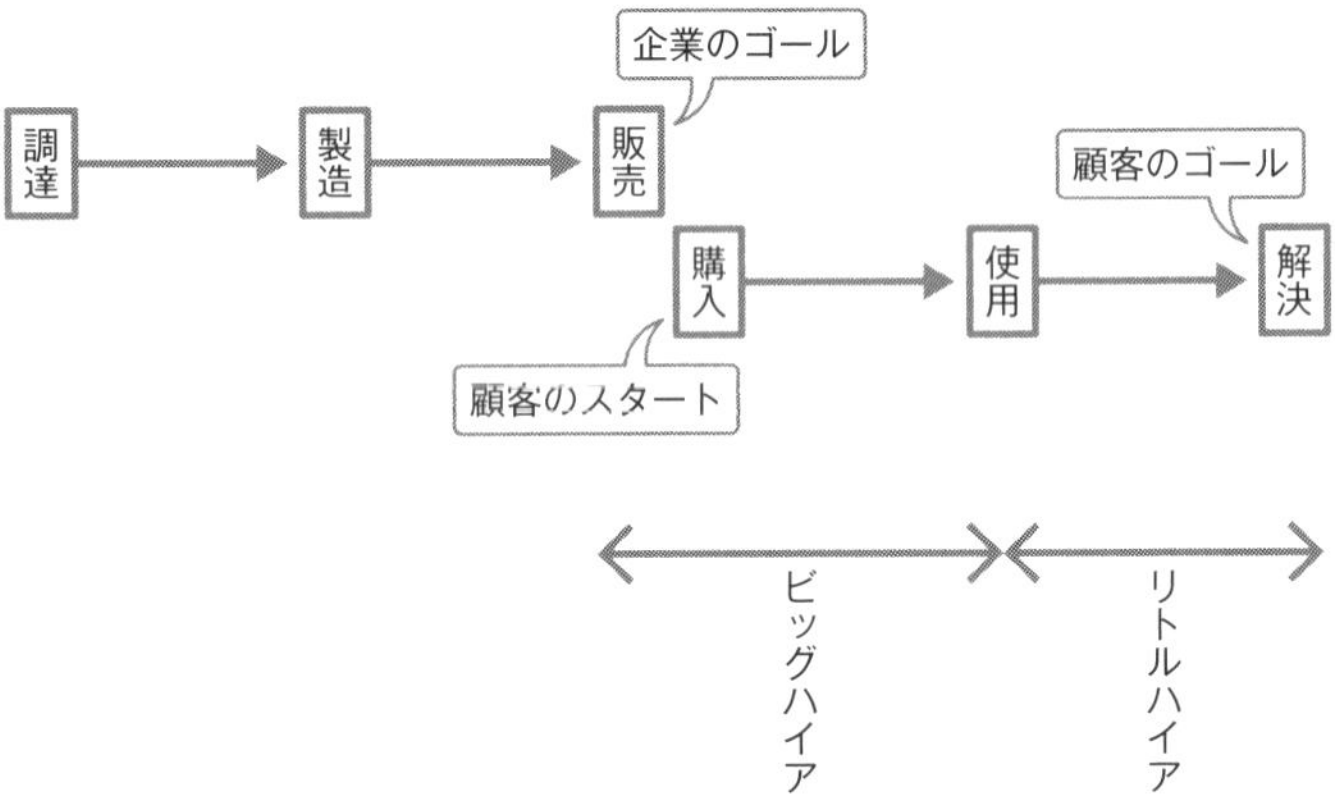

①収益発生のタイミング

企業にとって収益が発生するタイミングは、何といっても顧客が購買した瞬間です。小さな組織であれば購買した後にも継続的にフォーカスするでしょうが、組織が肥大化すると短期的なリターンを常に求められるようになります。すると予算の達成が必須項目になるので、どうしても顧客の商品購入をゴールと捉えてしまいます。しかし、実際は顧客の購入はスタートであり、購入と同時に商品の使用によって、はじめて顧客は何らかの問題を解決していることを忘れてはいけません。

②時間の隔たり

新規事業開発では、商品（製品やサービス）の開発から実際に販売するまでの時間の隔たりがかなりあります。瞬間的に商品開発ができて、瞬間的に商品が販売できれば、購買後のフォローも同時に考えることができます。しかし、実際は商品開発から実際の販売までに時間の隔たりがかなりあります。はじめは購買後のフォローまでを意識した取り組みだったとしても、商品開発に時間を要するため、開発費を回収する動きが強化されます。そして、いつしか時間の経過とともに購買後のフォローそのものの重要性が失われていくのです。

③組織機能の細分化

組織が徐々に大きくなるにつれ、商品を開発する部隊、材料を調達する部隊、商品を製造する部隊、商品を販売する部隊、顧客サポートを行う部隊と、徐々に組織の役割が細分化されます。当然、個々の組織でも顧客のことを考え、顧客にフォーカスすることを意識していますが、実務においては各役割に任命された作業を全うすることに重きが置かれるので、やはりリトルハイアにフォーカスが薄れる結果になります。

確かに、収益確定のタイミングは購買です。しかし、ジョブのレンズを通してみれば、その瞬間に顧客が問題を解決していると考えるのは少し無理があります。顧客は、商品を使用する過程においてジョブを解決したり、あるいは解決しはじめます。当然、商品によって顧客のジョブが解決されれば商品を使い続けることになるし、やがて再びその商品をリピート購買する可能性も高まります。顧客が商品を継続して利用することは、企業にとってメリットが大きいのです。

2 顧客生涯価値

顧客生涯価値という概念があります。顧客の購買を一度限りで捉えたときと、その顧客が生涯にわたり商品を繰り返し購入すると捉えた場合で、顧客が企業に提供する価値が異なります。

ジョブ理論に置き換えると、顧客生涯価値の概念はビッグハイアとリトルハイアの価値比較として考えることができます。当然、優良顧客は生涯にわたり継続的な使用を続け、再購入をすることで、その企業にとっても多大なる価値を提供することになります。

顧客生涯価値の概念をよく捉えている企業は、優良顧客をより大切に捉えて価値提供する努力を続けます。リトルハイアでの価値がビッグハイアでの価値をはるかに超えて高いからです。

図表5-2　顧客生涯価値

Aさんは、ほぼ毎日1箱喫煙をする。70%程度の確率でB店で購入する。

1回の購買の価値（ビッグハイアの場合）
価値＝500円×1回＝500円

Aさんの生涯価値（リトルハイアの場合）
価値＝500円×365日×70%×20年 ＝2,555,000円

消費財の例

たとえば、Aさんは喫煙者だとします。ほぼ毎日1箱ペースで喫煙しています。AさんにタバコをB販売するB店にAさんがタバコを買いに来ました。1回の購買でAさんがB店に与えた価値はタバコ1箱の代金500円です。しかし、Aさんの購買行動を観察すると、タバコの購入の7割くらいをB店で購入しており、向こう20年くらいはその地域に住む予定です。この場合、AさんがB店に与える価値は約260万円になります（図表5－2）。

法人企業の例

たとえば、A企業は法人企業にインフラを運用する商品を提供しています。その商品は、一度納入すると適切なメンテナンスを繰り返すことで20年間使用できます。Aの商品は1億円で、20年間のメンテナンス契約は、毎年1000万円です。また、メンテナンスとは別途、商品の可動部の消耗品の交換が3年に1回発生し、可動部のモーターは7年に1回交換する必要があります。

A企業がビッグハイアに焦点を当てると、販売がゴールになりますので、1億円の売上で終了です。しかし、当然、顧客はその商品を使うことでインフラの運用を行うので、法人企業と長期メンテナンス契約を結ぶでしょう。3年周期と7年周期でやってくる主要部品の交換も担当することでしょう。

しかし、実際、メンテナンス契約は結んでいるのですが、メンテナンスを行う仕事は子会社や代理店に任せ、その後の商品の使用状況などの重要なデータをA企業は把握しなくなります。はじめの3年の部品交換はさすがに年月が経っていないから、A企業も忘れずにアプローチするでしょうが、場合によっては次の周期の部品交換や、7年周期の部品交換の頃になると、継続的なアプローチをあまり行わなくなります。

極端な場合、顧客がわざわざ別の企業に見積もりを出すような状況も観察されます。また、お粗末な企業になると、顧客先にどのような商品をいつインストールして、それがどのようなメンテナンス状態で、どのような頻度で使用されているのかの情報をほぼ把握していない場合もあります。そのような企業は、顧客の使用状況のデータを子会社や代理店に管理させ、年月の経過とともについつい忘れてしまうのです。結果、20年後に必ずやってくるリプレースにおいて、競合に負けてしまうというシナリオになるのです。

本来A企業がジョブのレンズを通して商品を納めていれば、商品が正しく使われるようにフォローすることも重要な取り組みです。子会社や代理店や顧客に商品管理を任せるのではなく、責任をもって商品の資産管理をA企業が行い、常に最適な状態で使える状況を提供しつづけることができれば、顧客も安心して自分たちの本業であるインフラの運用に集中することができます。そして、当然、次にやってくるリプレースに際しても、A企業に依頼することでしょう（図表5－3）。

顧客生涯価値の概念に置き換えると理解しやすいですね。新規購買によるビッグハイアも大切です。しかし、企業に旨味があるのは、その後の継続使用、その後のリピート購買

図表5-3　法人企業の事例

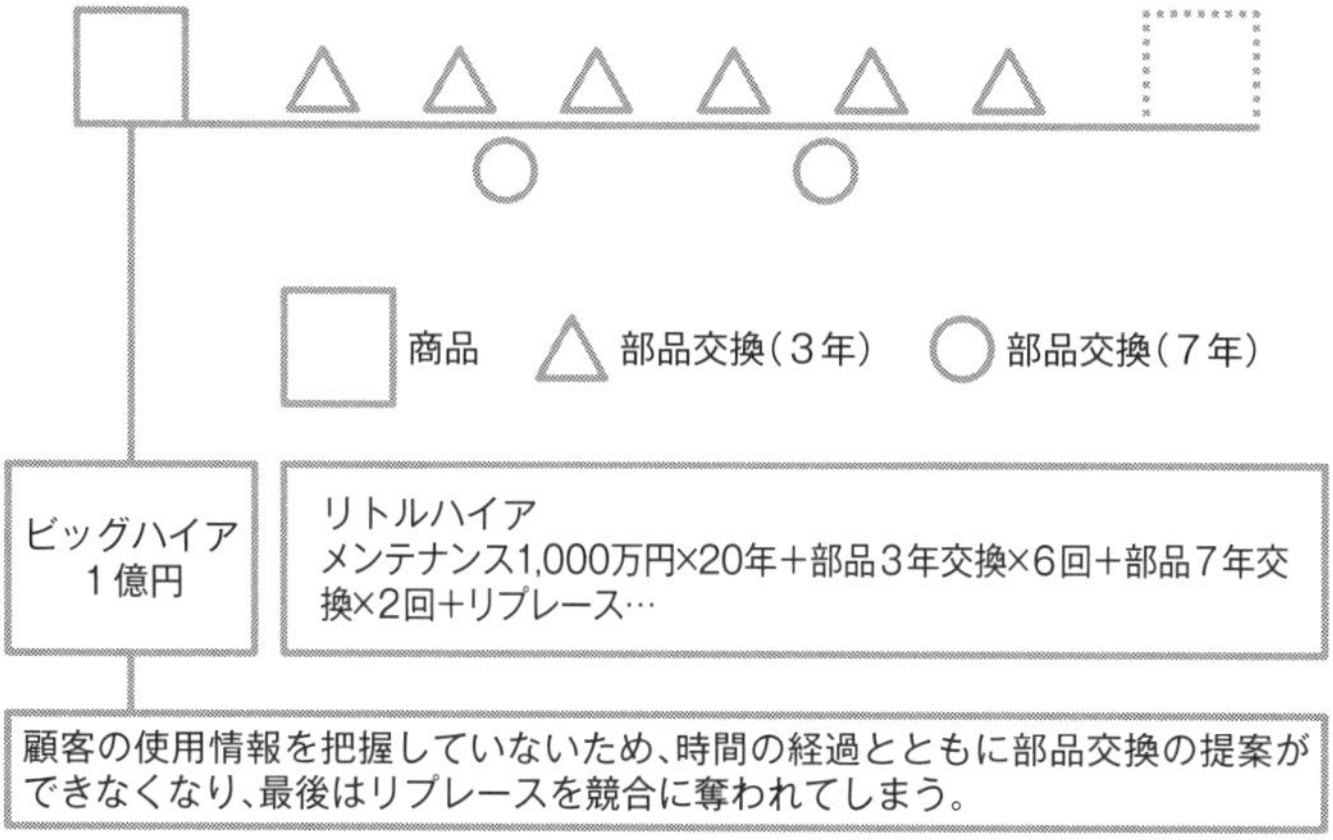

のリトルハイアです。ビッグハイアだけでは、顧客が購入した事実はわかりますが、購入後の顧客が実際にどのようにジョブを解決しているかを掴むことはできません。仮に購入したけれども、一度も使用していなければ、その理由を調べることで新たなイノベーションが生まれます。意外な使われ方をしている場合は、新たなイノベーションの可能性を発見できるかもしれません。ジョブを提供する際の視点として、ビッグハイアと同時に、リトルハイアについても同じくらい、あるいはもっと資源を投下することが大切なのです。

3 カスタマーマップ

「顧客の特定の状況」を理解し、観察するためには、製品の購入やサービス利用の「前の状況」「最中」、そして「その後の状況」の3つに分けて分析する方法があります。多くの企業は顧客が商品を購入するまでは力を入れていますが、商品の利用中や購入後、もしくは利用後の状況にも視野を広げて調査することがポイントです（図表5－4）。

たとえば、テーマパーク運営を行っているA社は、カスタマーマップを作成して新たなサービス開発を行いました。テーマパーク運営に関わる複数の機能部隊の主要なメンバーを集め、異なる機能部の混合チームを複数つくりました。はじめに、A社の顧客データベースをもとにペルソナを作成します。次に、そのペルソナに注目して、カスタマーマップをつくります。

図表5-4　購入前、最中、購入後の3つに分けて分析

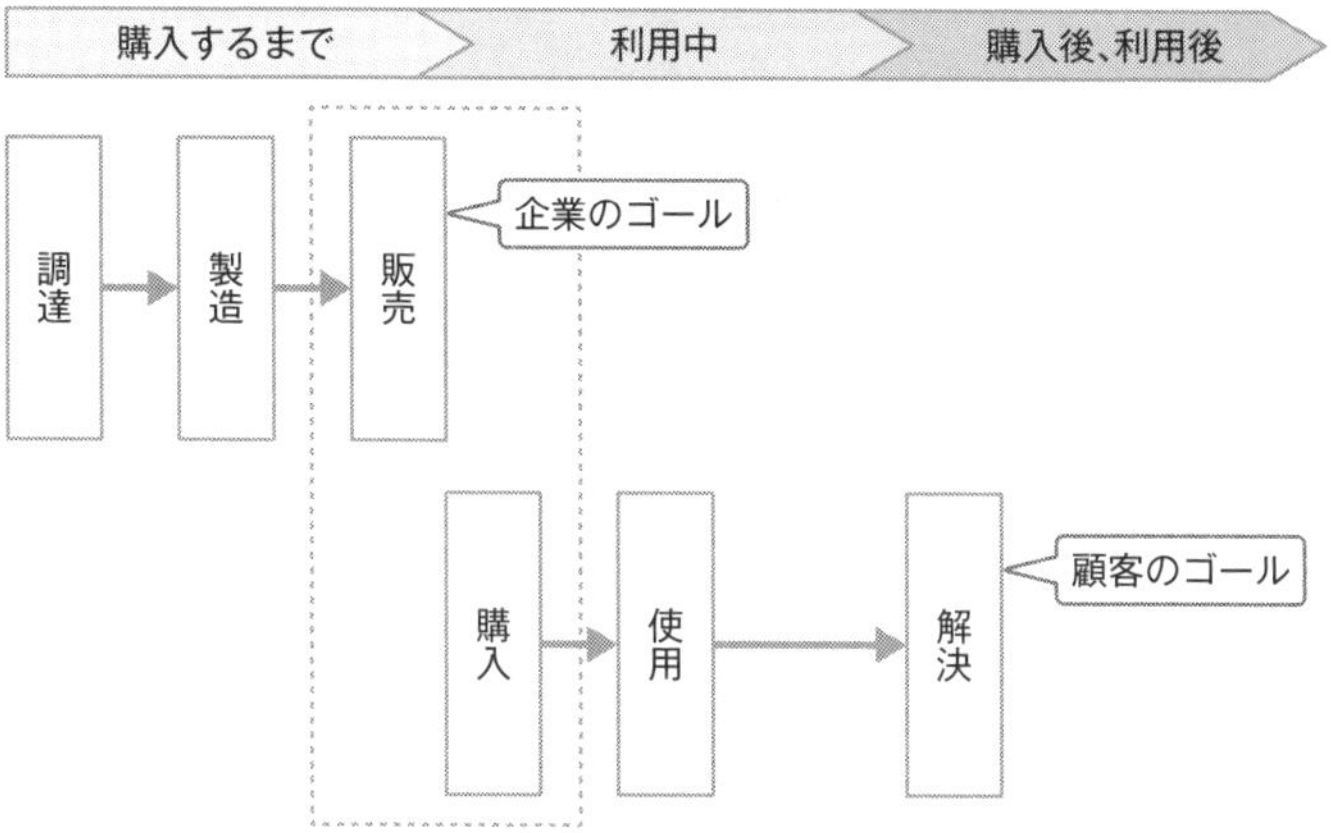

ペルソナの状況を、「サービスを受ける前」「サービスを受けている間（テーマパーク）」「サービスを受けた後」の3つに分けて、「ペルソナの気持ちがどのように変化したのか？」「その気持ちが変化した理由は何か？」について議論を繰り返しました（図表5－5）。

その結果、サービス提供前とサービス提供中はかなり様々な議論をして、商品開発やブラッシュアップを行っていましたが、リピートに結びつけるサービス提供後の議論が不足していることがわかりました。そこで、気持ちが高揚して余韻に浸った後、急にペルソナの気持ちが低迷するタイミングで何か提供することで次のリピートに結びつけることができる策を議論しました。結果的に素晴らしいアイデアを思いつくことができました。

飲食事業展開を行っている企業Cは、ペルソナのコンタクトポイントを軸に、「購買前」「購買時」、そして「購買後」の状況を整理しました。はじめは仮説ベースで考えられるコンタクトポイントを、ペルソナがとり得る行動にフォーカスして整理します（ステップ1）。まずは気軽な気持ちで、感覚的に整理していきました。そして、そのたたき台をベースに、実際に店舗を観察してコンタクトポイントを追加していきます（ステップ2）。このステップ1とステップ2をやはり組織の機能横断チームで繰り返し分析することで、普段見ていない顧客の購買前後の気持ちや状況を組織で理解するようになります（図表5－6）。

ある程度コンタクトポイントを抽出することに成功した後は、それぞれの状況に応じて顧客の感情や志向などを書き出していきました。これによって顧客体験を可視化して、顧客の特定の状況を組織で共有していきます。

企業Cは、ウェブの集客コンサルタントに依頼してウェブからの問い合わせを増やす取り組みをしていましたが、メールでの問い合わせ以外に電話での問い合わせが多いことに気がつきました。しかし、問い合わせの電話には店舗の責任者ではなくパートやアルバイトがその都度対応していたため、共通の顧客体験を提供できていないことがわかりました。

図表5-5　カスタマーマップ

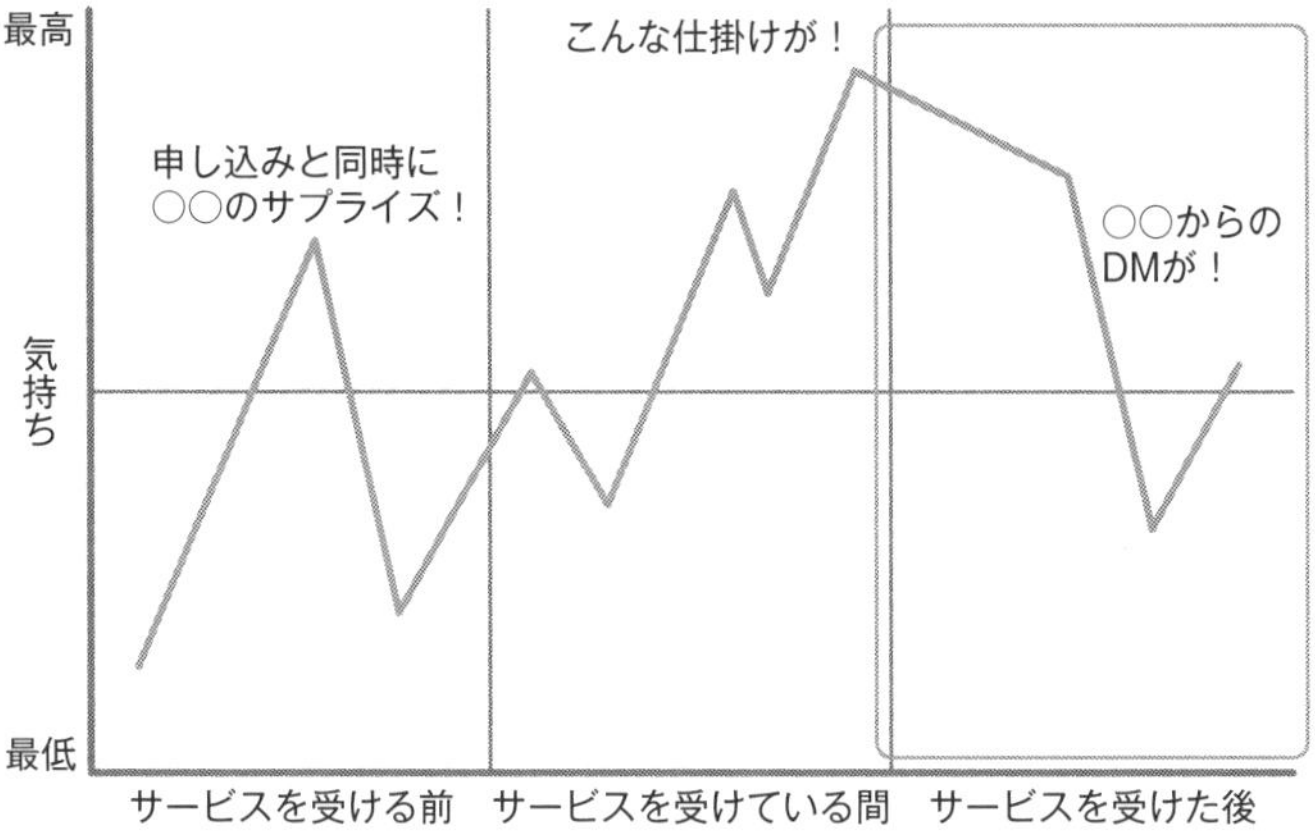

図表5-6　コンタクトポイントの抽出によるカスタマーマップ

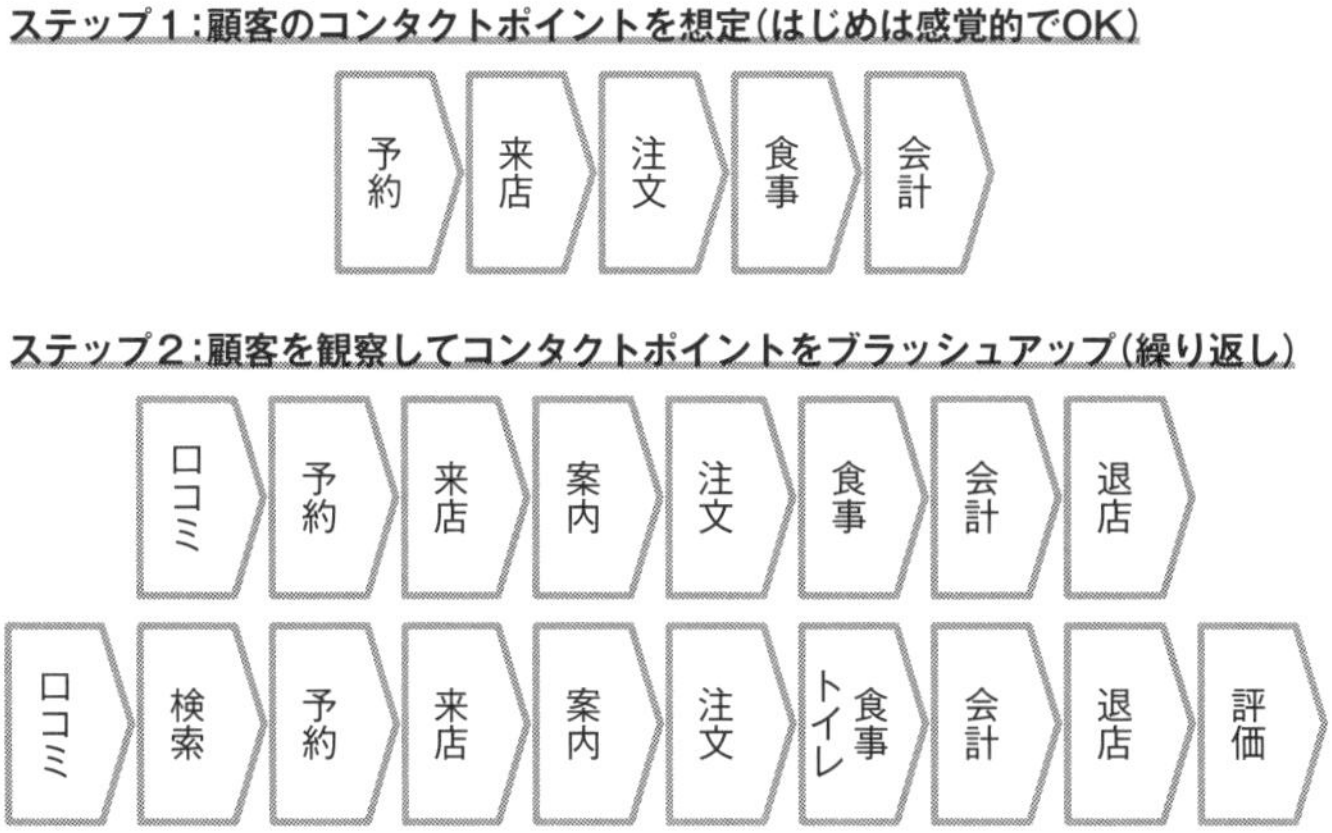

図表5-7　顧客の特定の状況の可視化

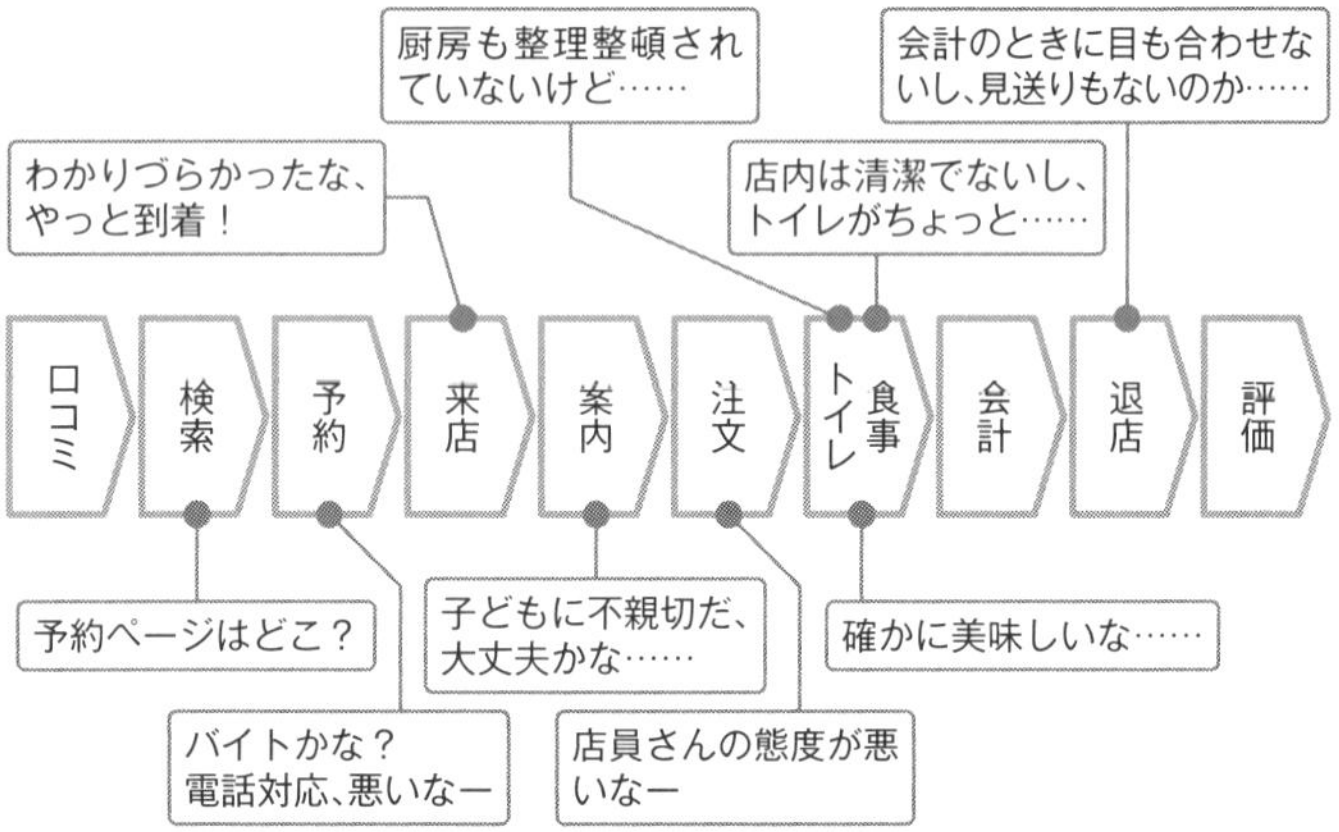

また、親子の来店が多いにも関わらず、子どもの目線が不足していました。子ども用の椅子の提供や子ども用のカトラリー（ナイフ、フォーク、スプーンなど）の充実、待ち時間に塗り絵を提供するなど、特にお母さんが食事に集中できるような配慮も商品として提供することに専念しました。

ペルソナを組織で共有して、コンタクトポイントを整理する。そして、カスタマーマップを作成する過程で、顧客は食事の味だけではなく、様々な要素に対して顧客体験を積み、その細かいところで評価の高低がつくことを企業Cは改めて理解して、味の追求に加えて、来店前から退店後までのフォローを1つの商品として開発することになったのです（図表

5－7)。

以上見てきたように、顧客の特定の状況を理解するためにカスタマーマップを活用します。実際は、カスタマーマップそのものが有用というわけではなく、機能横断的に様々な企業の部門間で共通の顧客のことを議論して、商品を提供する前、最中、後と分けて顧客の体験を想像、観察、整理することで、真に顧客視点になった取り組みができるようになるのです。そして、同時に顧客が求めているものとは、機能的な側面だけではなく、個人の感情的な側面や社会的な側面も非常に重要であることに気がつくはずです。

4 購買体験の最大化

顧客の特定の状況を商品（製品やサービス）の購買前後で捉えることで、顧客体験を最大化することも可能です。ある飲食店は、企業が多数集まる立地に出店していました。御昼時にランチを求めるビジネスパーソンで店舗がすぐに満員になり、レジ前には注文のための待ち行列ができていました。

そこでカスタマーマップを作成して、購買の前、最中、後で顧客が解決したいジョブを可視化する取り組みを行いました。その結果、何も飲食店で食べなくても、「希望するランチをすぐに持ち帰ることができたらうれしい」というジョブを特定することができたのです。

同企業が提供した解決策は、ランチの注文を事前にアプリで受け付ける仕組みを提供し

図表5-8 顧客体験の最大化

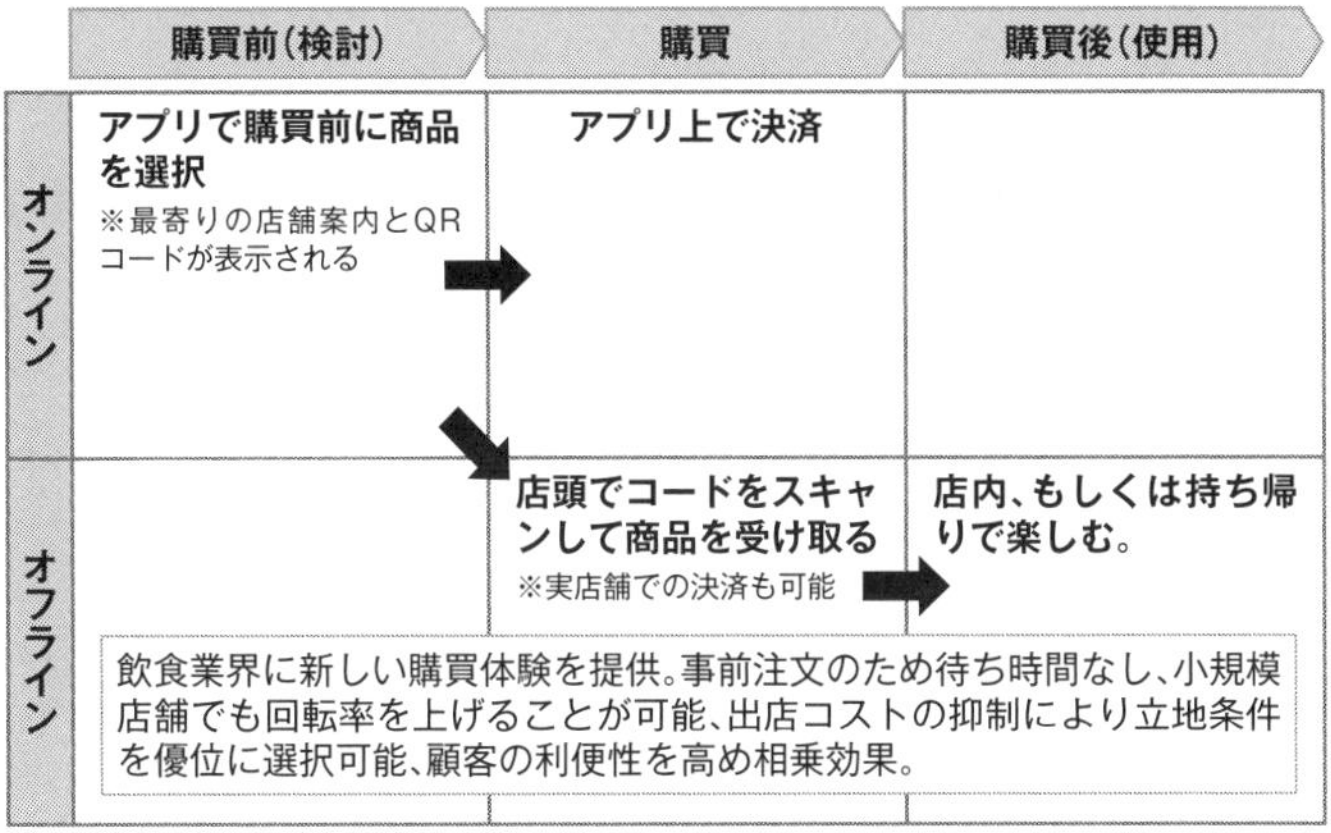
購買前（検討）
購買
購買後（使用）
オンライン
オフライン
アプリで購買前に商品を選択
※最寄りの店舗案内とQRコードが表示される
アプリ上で決済
店頭でコードをスキャンして商品を受け取る
※実店舗での決済も可能
店内、もしくは持ち帰りで楽しむ。
飲食業界に新しい購買体験を提供。事前注文のため待ち時間なし、小規模店舗でも回転率を上げることが可能、出店コストの抑制により立地条件を優位に選択可能、顧客の利便性を高め相乗効果。

たことです。顧客はアプリを立ち上げ、最寄りの店舗を探します。そして、事前にランチや食事の注文を行うのです。企業は事前に注文がわかるので、来店客が来る時間に合わせてランチや食事の準備をしておきます。そして、その時間になったら顧客は商品を受け取り、店内で食べることも、持ち帰ることもできるので、双方の効率が良くなりました。顧客のジョブを解決する目的で導入した事前注文の仕組みによって、新たなプラスの副作用を発見しました。注文を取るスペースが不要になり、小規模の店舗でも回転率を高めることができるようになりました。結果的に出店コストの抑制につながり、狭いスペースで良いので、その分のコストを使って立地条件が良い場所に出店することができるようになったのです。顧客の利便性も高まり、まさに相乗効果を得ることができたのです（図表5－8）。

5 リトルハイアとチャネルシフト

メーカーの多くは商品を製造した後は、その販売を卸や販社、大型販売店に任せています。したがって、顧客情報や購買体験に関与する情報はサプライチェーンの川下に集まり、さらにバラバラの販売チャネル、資本が異なる販売チャネルに任せていたため、それらの情報を統合して活用することが難しいとされていました（図表5－9）。

一方、近年のＩＴ企業や業績を上げている企業は直販モデルを取り入れています。したがって、顧客の購買データや履歴などを積極的に直接管理して、そこから得られる情報を活用して顧客の利便性をさらに高める動きをとっています。

アマゾンの強みは、流通を押さえている点でしょう。そして、さらに近年はウェブのみで完結していた販売チャネルをリアルの世界にまで手を広げています。たとえば、従来の

図表5-9　ビッグハイアにフォーカスした結果

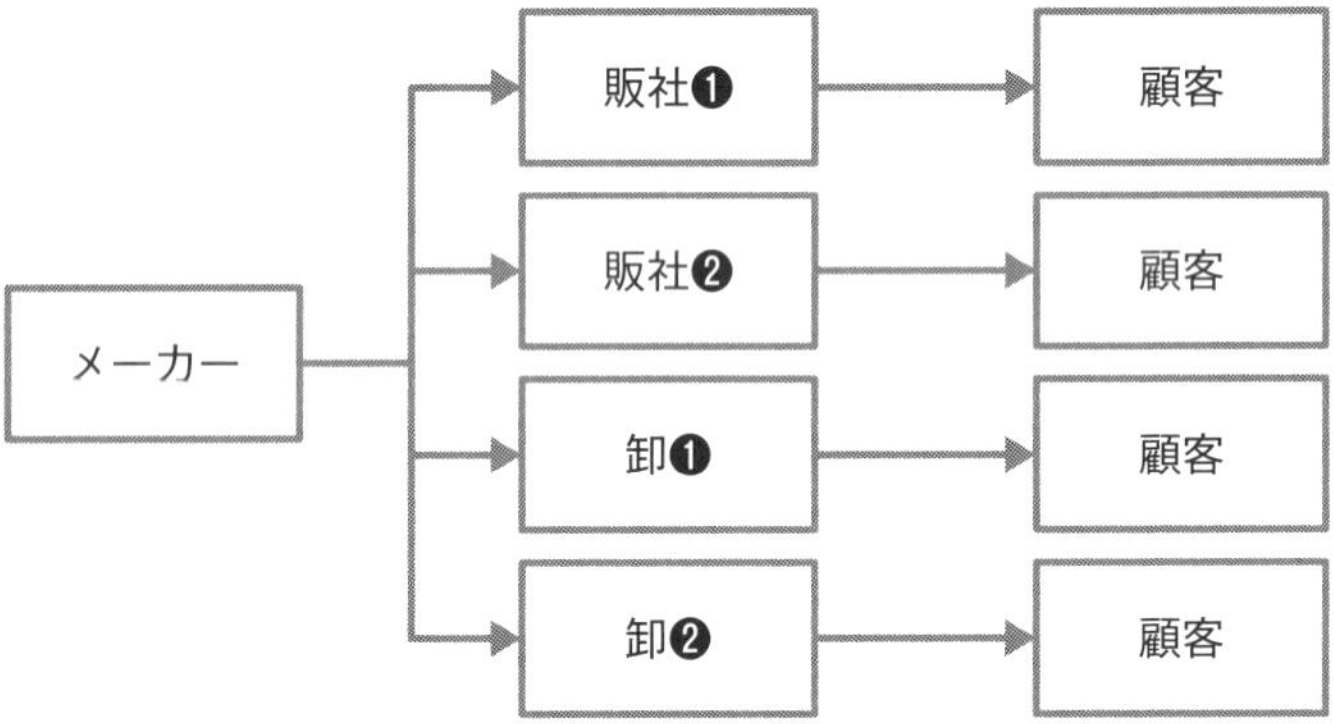

販売を第三者に委託するため、顧客の購買状況、その後の使用状況が非常に見えにくい。

ウェブショップの特徴は、商品の選択をウェブ上（バーチャル）で行い、購買をウェブ上（バーチャル）で行っていました。アマゾンは、顧客の購買体験を高め、顧客の利便性を高める目的でバーチャルからのチャネルシフトを実現しています。

チャネルシフト①

チャネルシフト①は、商品の選択は実店舗で行いますが、購買をウェブショップなどのバーチャルで行うチャネルシフトです。たとえば、アマゾンダッシュボタンなどは、顧客が事前に登録したダッシュボタンに紐づく商品が不足する前に、顧客がボタンを押すことで、ウェブショップ上で決済される仕組みを提供しています。実際の商品を使いながらにして、切れる前に、ウェブショップにアクセスすることなく、その商品をリピートで注文できる仕組みを提供しているのです。商品の選択の接点を自宅などのリアル空間に置き、購買はアマゾンのサイトで行います。

アマゾンエコーも同じようなことを実現することが可能です。アマゾンエコーはスピーカーとマイク機能を内蔵する機械で、ユーザーが自宅やオフィスなどに設置して使用します。たとえば、オフィスにあるコピー用紙が少なくなった時点でアマゾンエコーに「コピー用紙を注文して！」と頼むことで、決済はウェブ上で行われ、商品が後日届く仕組みです。アマゾンダッシュボタンと同様、既存のリピート購買を円滑に手助けしてくれます。

アマゾンゴーは、実際の店舗で商品を手に取り、店の外に出た瞬間に、ウェブ上で決済がなされます。店員は商品の補充に力を入れるだけで、顧客がどの商品に興味を持ち、実際に持ち帰ったかどうかはカメラや各種センサーを駆使して把握します。アマゾンの会員情報にその買い物の情報も紐づき、結果的にアマゾンは継続的に顧客の購買行動を把握することができるのです。

このようにチャネルシフト①では、商品の選択の接点をリアルの実空間で行い、購買をアマゾンのサイトなどのバーチャル空間で行うチャネルシフトです。

チャネルシフト②

チャネルシフト②は、商品の選択はウェブショップなどのバーチャルで行い、購買を実店舗で行うチャネルシフトです。アマゾンブックスは、アマゾンが展開する実店舗の書店です。本の品ぞろえはアマゾンの人気ランキングや各種レビューをもとにバーチャル上の接点を活用しています。店内の書籍はほとんどすべて表紙が見えるように平積みの陳列がなされています。通常の書店は、在庫を多数抱えているため、大半の本を平積みにせず背表紙しか見えない陳列をしています。アマゾンブックスは、リアル店舗であっても、バーチャル情報によって絞り込まれた本との出会いを提供しているのです。購買する際は、オンラインでも購入できますが、選択した商品をその場で持ち帰ることができるという点は通常の書店と同じです。

アマゾンのポップアップストアは、期間限定で駅や大型量販店などに出現するストアです。クリスマスシーズンなどの限定期間に出現します。ショップの品ぞろえは、その期間

図表5-10　チャネルシフト

❶商品の選択は実店舗で行い、購買をウェブショップなどのバーチャルで行う。
❷商品の選択はウェブショップなどのバーチャルで行い、購買を実店舗で行う。

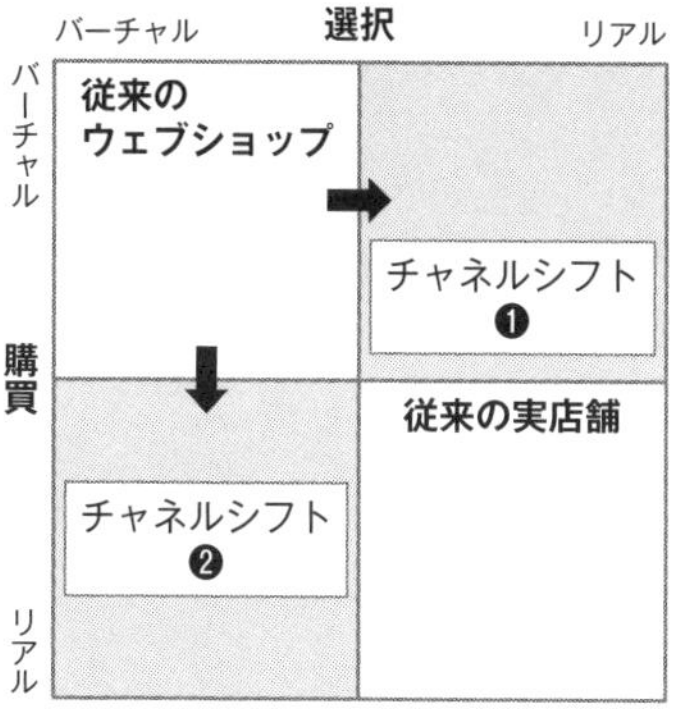

チャネルシフト❶事例
- アマゾン・ダッシュボタン
- アマゾン・エコー
- アマゾンゴー

チャネルシフト❷事例
- アマゾンブックス
- ポップアップストア

出所：『世界最先端のマーケティング』
奥谷孝司・岩井琢磨著　日経BP社刊

にバーチャル上で人気が出た商品などを参考にしているので、商品の選択はオンラインが接点になっています。顧客は実際の展示している商品を見て、詳細はアマゾンのサイトにアクセスして確認します。支払はアマゾンで行い、受け取りも自宅か、その場で持ち帰るかを選択できます。したがって、購買は従来のようにリアルの接点としての要素を持っています。

このようにチャネルシフト②では、商品の選択の接点をバーチャルに置いており、購買後に実物を持ち帰る特徴を持つチャネルシフトです（図表5－10）。

アマゾンの事例で見たように、チャネルシフト①でも、チャネルシフト②でも、最終的な販売店と顧客は統合されたプラットフォーム（アマゾンの場合は、アマゾンのサイト）で管理されているため、すべての顧客の情報と購買情報や履歴などが企業で管理され、その後のリトルハイアにもどんどん活用されているのです。

第6章

成し遂げたい進歩

1 顧客が成し遂げたい進歩の種類

顧客が成し遂げたい進歩（目的）には大きく3種類あります。「**機能的ジョブ**」「**感情的ジョブ**」、そして「**社会的ジョブ**」です（図表6－1）。

機能的ジョブ

「ミルクシェイクのジレンマ」の事例では、当初、顧客の成し遂げたい進歩を機能的ジョブと仮定しました。そこでファーストフードチェーンはミルクシェイクの味や量、値段やミルクシェイクの固さについて調査します。ジョブの目的が機能的な側面だけであれば、商品の選択や立地条件などもカギになります。また、「空腹を満たしたい」「冷たい飲み物を

図表6-1 ジョブの目的

機能的ジョブ	単純に、その機能を得たいというジョブ 「どのように成し遂げたいか？」が重要 何らかのモノサシで測定が可能 冷たい飲み物を飲みたい、ミルクシェイクをテイクアウトしたい
感情的ジョブ	顧客が個人的に感じたいこと、感じたくないこと 「どのように感じたいか？」が重要 個人の感情なので他者が測定することが難しい 退屈をしのぎたい、優しい父親の気分に浸りたい
社会的ジョブ	顧客が第三者から思われたいこと、思われたくないこと 「どのように見られたいか？」が重要 個人の感情なので他者が測定することが難しい 合理的だと思われたい、優しい父親だと思われたい

飲みたい」「ミルクシェイクをテイクアウトしたい」なども分析の対象です。

機能的なジョブは「**どのように成し遂げたいか？**」が重要です。顧客が成し遂げたい進歩に対して、どのように解決するかに焦点を当てます。

感情的ジョブ

感情的ジョブは、「ミルクシェイクのジレンマ」の事例のように「退屈をしのぎたい」とか、「優しい父親の気分に浸りたい」など、自分の中に生じる感情に焦点を当てます。そのため、「**どのように感じたいか？**」が重要です。

顧客がミルクシェイクをこよなく愛する人で

あれば、「ご褒美」や「至極のときを過ごす」というジョブが目的になります。

社会的ジョブ

社会的ジョブは、顧客が第三者から思われたいこと、あるいは思われたくないことに焦点を当てます。したがって、「**どのように見られたいか?**」が重要です。人は周囲の目を気にします。大勢の前で駄々をこねる子どもに対して、連続的に否定する両親は「本当は良い親なのに、なんてかわいそうなことをしているのだろうか。親はもっと子どもが喜ぶことをすべきではないか」と、自分の立場を自分自身で否定的に捉えると同時に、周囲の目も気になっているのです。そのようなときにミルクシェイクを雇用することで、「優しい父親の気分に浸る」という感情的なジョブを片づけると同時に、「良い親だと思われる」という社会的なジョブも解決しているのです。これが社会的なジョブです。

2 ジョブから市場を見つける

3つの目的でジョブを捉えることで、これまで見えてこなかった競合を捉えることができ、同時にこれまで定義していなかった新たな市場を見つけることができます。

たとえば、自動車会社がA地点からB地点まで「移動する」というジョブを解決しているとしましょう。

「機能的ジョブ」を目的とすると、「どのように成し遂げたいか？」がカギになりますから、そのジョブを解決する手段として、顧客は徒歩、自転車、公共交通機関、自家用車などを想起するでしょう。また、すでに自動車のカテゴリーの中から選択するとしたら、燃費が安い車、価格が安い車、安全な車などを選択肢として考えることができます。

次に「感情的ジョブ」を目的とすると、「どのように感じたいか？」が重視されます。たとえば、「スカッとしたい」というジョブの解決を考えたとしましょう。そうすると公共交通機関は選択されにくいでしょうが、自転車やバイク、場合によってはジェットコースターやバンジージャンプ、あるいはボクシングやバスケットボールの観戦なども解決策の候補として想起するでしょう。

また、「社会的ジョブ」を目的にすると、「どのように見られたいか？」が重視されます。たとえば、「賢いと思われたい」というジョブの解決だったら、身につけている時計や衣服、住んでいるエリアや自分の学歴なども考慮され、総合的に何かを判断する動機が強く生じるでしょう。

顧客の目的が機能的ジョブの解決であれば、他の機能的な解決手段から選択肢を選び、感情的ジョブの解決であれば、他の感情的な選択肢から解決方法を選びます。これは社会的ジョブでも同様です。顧客が機能的、感情的、社会的ジョブの解決を求めているのに、企業は機能的ジョブの解決だけ見ていたら、その時点で市場の定義や競争相手の定義と分析がまったく足りていないことになるのです。

前述したとおり、「機能的ジョブ」「感情的ジョブ」「社会的ジョブ」と整理すると当たり前のように思われるでしょう。しかし、「感情的ジョブ」と「社会的ジョブ」は見落とされることが多いのです。自分の立場で物事を捉えた場合、自分の気持ちや周りの人の目がいかに購買を左右するかがわかります。しかし、いざ自社のビジネスについて考えようとすると、急に機能的な側面ばかりに目を向けてしまいます。

「機能的ジョブ」の実現にばかり目を向ければ、やがてそれは模倣されます。「機能的ジョブ」は何らかのモノサシをつくり、競合相手も同じモノサシを用意して互いに競い合います。仮に先行者のメリットを得て、その機能を先に実現しても、やがて同じような機能になってしまいます。その際に感情面、社会面の違いがなければ、価格か提供するスピードが競争のバロメーターになり、結果的に規模が大きい組織が有利になるのです。

一方、感情面や社会面のジョブも片づけることができれば、多くの顧客はそれらを雇用したくなります。そして仮に競合他社が模倣しようとしても、顧客の個人の感情なので他社が測定することが難しいのです。したがって、「差別化」という観点からも「感情的ジョブ」や「社会的ジョブ」も同時に解決する商品が雇用されやすくなります。

第7章

障害

1 ハイア（雇用）とファイア（解雇）

顧客のなかで解決したいジョブがある場合、すでに別のジョブを雇っている可能性を考えます。企業が新商品を生み出し、顧客に対して異なるビジネスモデルやイノベーションを提供するとします。その際は、顧客はすでに何らかの方法でその問題を解決していると考えます。すでに何らかのジョブを雇用（ハイア）しているのです。したがって、新商品を購買してもらうためには、過去のジョブを解雇（ファイア）してもらうことを考えます。その解雇を円滑に進める方法や仕組みを企業が提供することで、顧客が「購買したい」という気持ちにしてあげるのです。

新しく顧客のジョブを解決する場合、すでにハイアしているジョブをファイアすることを考えながら新たなジョブの提供を考えます。ジョブ理論では、顧客がジョブを解決する際に、顧客の購買を妨げる要因をまとめて「障害」として特定します。そして、ジョブを提供すると同時に、その障害を取り除く工夫も合わせて考えます。商品を雇用してもらうために、過去のジョブを解雇してもらうための方法を同時に考えていくのです。

2 購買プロセス

消費者行動論では、顧客が商品（製品・サービス）を購入するまでのプロセスを次のように整理しています。それぞれ「問題認識」「情報検索」「評価・選択」「購買」、そして「購買後評価」です。購買プロセスに沿って顧客の障害を整理して取り除く方法を考えていきます（図表7－1）。

問題認識

顧客が商品を購買する場合、何らかの問題が発生します。問題とは、顧客のありたい姿と現状のギャップです。購買プロセスの分析でも、顧客は商品を購入して、使用すること

図表7-1 購買プロセス

で抱えている問題を解決すると捉えています。

情報検索

顧客が問題を認識しはじめると、次にその問題を解決する方法を探します。問題の認識の程度によって情報検索をする度合いが異なります。日常的なものであれば、近くのショップに行き、店舗の戸棚で探す場合もあります。ネットにアクセスして親指で検索する場合もあります。金銭的出費が大きいものや、重要な購買であれば、様々な検索に加えて、実際にショールームで実物を見たり、サンプルを取り寄せる場合も考えられます。あるいはセミナーや勉強会に通い、商品に対して知識

図表7-2　情報検索の4つの情報源

個人的	家族や友人や知人など
商業的	広告やCM、ウェブサイトや店頭販売員など
公共的	マスメディアやニュース、消費者団体の声など
経験的	サンプルやショールーム、実機の使用や検討など

武装をする場合もあります。

顧客の情報源としては、家族や友人や知人などの個人的な情報源。広告やCM、ウェブサイトや店頭販売員などの商業的な情報源、マスメディアやニュース、消費者団体の声などの公共的な情報源に加えて、サンプルやショールーム、実機の使用や検討などの経験的な情報源があります（図表7－2）。

一般的に顧客は商業的な情報源から最も多くの情報を取得します。ただ、問題を認識しても、そこから行動を起こす消費者は少なく、かなりの割合で受け身の消費者が存在します。効果的な情報源は個人的な情報源か公共的な情報源です。感覚として、親しい人やその問題を象徴する人が発する情報を信用する傾向が強いことは理解しやすいでしょう。

情報源によっては、購買プロセスの評価・選択と関連が強い場合があります。TVやネット広告で商品を認知して、友人や口コミなどの個人的な情報源からその商品を評価するなどです。ネットの普及によって情報検索の仕方はずいぶんと変化しています。近年は、同じような問題を抱えた顧客の情報や口コミサイトを参照して情報検索を行う場合もあります。

顧客がジョブを発見し、新たなジョブを雇用するための障害や、解雇するジョブにはどのようなものがあるかなども含めて、情報検索の仕方を探るのがポイントです。

評価・選択

評価・選択は、たくさんの選択肢の中から複数に絞り出し、最終的に1つ、あるいは数個に絞るプロセスです。当然、評価・選択は顧客ごとに異なります。どのようなジョブを解決するかによって、大切にすること、判断基準が異なるからです。機能的なジョブであれば、商品のスペックで比較します。感情的なジョブでは、本人が何を、どのように感じているかを把握することが近道です。そして、社会的なジョブであれば、やはり本人が「周りからどう思われたいか」を把握することで、判断基準が整理されます。

行動観察やインタビューなどでは、商品を購入する際に、「どのような判断をしたか」「どのような選択肢を挙げたのか」「なぜその購入に至ったのか」の前後背景を意識的に捉えることで、新たなジョブを雇用するための障害や、解雇するジョブが見えてきます。

購買

最終的な購買において、商品の機能に加えて、ブランドや購入量、販売チャネルや購買の時期、価格や支払い方法など複数の項目を同時に検討します。当然、日常的な購買はいちいち、これらを判断することなく、思いつきで購入する場合も多いです。

また、感情に左右される購買も結構多いです。買い物が好きな顧客は別として、通常の顧客は、特定の選択肢からの選択に労力を割きたがりません。そこで懇意にしているブランドや友人のおすすめなどを信じて判断する場合もあります。いわゆる「選択ヒューリスティック」です。

図表7-3　様々な選択ヒューリスティック

感情依存型	完全に過去の購買や経験に依存
加算型	判断基準が複数ある場合、各選択肢の評価を算出して、その合計点が最も高いものを選ぶ
連結型	判断基準が複数ある場合、判断基準の各属性について必要条件があり、1つでも満たされなければ、その選択肢を排除する
分離型	判断基準が複数ある場合、判断基準の各属性について十分条件があり、1つでも満たすものがあれば、その選択肢を選択する
辞書編纂型	最も重視する判断基準の属性が最も高いものを評価する

選択ヒューリスティックは、必ず正しい答えを導けるわけではありませんが、ある程度のレベルで正解に近い解を得られる方法です。答えの精度は保証されませんが、解を見出すまでの時間を短くすることができます。したがって、通常の顧客は無意識に複数の選択ヒューリスティックをもとに最終的な購買の判断をしていると考えることができます（図表7－3）。

完全に過去の購買や経験による感情依存型。判断基準が複数ある場合、各選択肢の評価を算出して、その合計点が最も高いものを選ぶ加算型。判断基準の各属性について必要条件があり、1つでも満たされなければ、その選択肢を排除する連結型。判断基準の各属性について十分条件があり、1つでも満たすものがあれば、その選択肢を選択する分離型。最も重視する判断基準の属性が最も高いものを評価する辞書編纂型などです。

選択ヒューリスティックは、前記の1つが選ばれて判断されるのではなく、顧客は複数の組み合わせを無意識に行っています。そして、その判断はやはり顧客が置かれている特定の状況によって異なってきます。

購買に対しては、逆に購買の障害になり得る要因もあります。1つは他者の評価です。自分が良いと思っても、他者がNGを出せば、購買しないこともあります。とくに、情報源である個人的なつながりで家族や友人や知人の評価は購買を促すこともあれば、障害になり得ることもあるのです。

もう1つは、予想外の要因です。通常の購買プロセスには到底発生しないような想定外の出来事によって、購買が妨げられる場合です。安定的な収入が途絶えたら購入は控えるでしょう。災害や震災なども考えられます。店員の思わぬ態度によって購買意欲が失せることもあるでしょう。

顧客がジョブを雇用する際に、リスクを避けるがあまり、購買をあきらめることも考えられます。いわゆる「無消費」の状態です。たとえば、期待どおりに商品が機能しないの

図表7-4 購買の障害となる様々なリスク

機能的なリスク	期待する機能を得られないリスク
身体的なリスク 心理的なリスク	使用において自分の健康を害する、あるいは使いこなせなくて心理的なダメージを受けるリスク
金銭的なリスク	ジョブを解決するための費用と実際得られる効用の大きさが合わないリスク
社会的なリスク	その商品の使用によって第三者に害を与えるリスク
時間的なリスク	商品が正常に機能しない場合に失ってしまう時間のロス

ではないかという機能的なリスク。その商品を使用することで自分の健康を害する、あるいは使いこなせなくて心理的にダメージを受けるリスク。ジョブを解決するための費用と実際得られる効用の金額が合わないリスク。その商品の使用によって第三者に害を与えるリスク。その商品が正常に機能しない場合に失ってしまう時間のロスなどです（図表7－4）。

選択ヒューリスティック、購買の障害になり得る要因、購買の障害となる様々なリスクを加味しながら、どのようにジョブを提供すると顧客が雇用しやすくなるかを考えましょう。

購買後評価

顧客は、商品を購買する際に得られる高揚感と裏腹に、「果たして自分が行った判断は正しいのか?」と心配になる生き物です。また、リトルハイアでも解説したように、実際は商品を購入してから問題を解決します。当然、購買商品が顧客の期待どおりの機能を発揮しなかった場合、顧客はその商品や企業にがっかりすることでしょう。そうなると再購入や他の関連する顧客への紹介は望めません。逆に予想を反する、あるいは予想どおりの機能を発揮すると、顧客は素直に喜ぶことでしょう。これらの商品を実際に使用した体験はそのままバズ(口コミ)となり、家族や友人、知人に広まります。

解雇から新たな雇用。雇用を妨げる障害。これまで見てきた顧客の購買プロセスにヒントが多数隠れていることがご理解いただけたと思います。

3 無消費

因果関係を説明する理論は実践的で重要です。企業が顧客の問題を発見し、その解決策を新しい概念や形で提供し、顧客は自らのジョブを解決していきます。しかし、ジョブ理論では、1つの商品ですべての顧客を満足させることは難しいとしています。

一方で、ジョブ理論を理解していない企業は、すべての顧客に対して1つの解決策で様々に満足させることができるかのように振る舞います。伝統的なSTPマーケティングで、セグメントを定義することなく、万能商品という幻想をつくり、すべての市場にリーチしようとしています。しかし、万能商品は結果的に誰の満足も得ることができません。

たとえば、幕の内弁当があります。数多くの品数があり、いいとこ取りの弁当ですが、万人が完食することは少ないでしょう。すべての好みを選ぶということは、選ばないという側面を無視していることにつながります。

顧客は多数の解決策があり選択に悩んだ場合、ジョブの程度が自分の中で優先順位が低い場合など、世の中に解決策が存在していても、「あえて消費しない状況」を選択することもあります。この状況は「無消費」と呼ばれ、「購入したが結果的に使用していない」という状況も含まれます。企業は顧客の使用フェーズよりも購入フェーズに力を入れるため、購買後の動向や無消費の理由などをリサーチすることは少ないです。

この無消費のセグメントは有用です。ジョブ理論のレンズを通して無消費を探すことで、争うべき競合の本当の姿が見えてきます。新規市場や新規顧客も魅力的ですが、過去に購買していただいた顧客にも市場拡大の可能性が十分にあるのです。

4 ジョブへの対応

顧客のジョブには、「**特定の状況で人が成し遂げたいネガティブな進歩**」、いわゆる消極的なジョブと、「**特定の状況で人が成し遂げたいポジティブな進歩**」、いわゆる積極的なジョブの2種類があります。それぞれのジョブに対してアプローチの手法が異なります。

消極的なジョブの対応

消極的なジョブは、「やらねばならないこと」で、外圧的な要素が強いです。ジョブの解決手段があり、その必要性がわかっていても、積極期に取り組みたい進歩ではありません。現在なんとかなっている状況なので、このような状況に生じる慣れは購買活動において大きな障害になり得ます。

仮に現状に不満足でも、これまでの状況に慣れが生じていれば、ジョブを明らかに解決する策を提供しても購買しないでしょう。仮にジョブの解決策が提示されたとしても、新しいことや変化に対して不安を抱きます。実際にジョブを解決するために商品を購買して、成し遂げたい進歩を実現するより、その取り組みによって失敗する可能性を強く捉えてしまいます。人は成功して得することよりも、失敗して失うことに強い恐怖感を覚えるのです。

これまで人間は合理的に行動する生き物だと思われていました。しかし実際は、様々な心理状態によって非合理な行動をとることがあります。行動心理学の第一人者として有名なダニエル・カーネマンは「**プロスペクト理論**」として人は損することが大嫌いなことを指摘しています。

そのため、ジョブの解決には、「機能的な目的」に加えて、「**感情的な目的**」「**社会的な目的**」のジョブを定義しておくことが大切なのです。機能的なジョブしか解決しないジョブはたやすく解雇される傾向が強いでしょう。しかし、感情的、あるいは社会的なジョブは解雇されにくいのです。機能的なジョブはモノサシが存在しますので、優劣を比較的簡易に判断できます。しかし、感情的、あるいは社会的ジョブは、本人の中にある複雑な状況が絡み合ってできた判断基準です。簡単に整理することが難しいのです。

積極的なジョブの対応

積極的なジョブは、「やりたいこと」で内圧的な要素が強いため、本人の意思で積極的に成し遂げたいと思う進歩です。仮に、顧客がジョブを解決するために新たに雇用する場合、その顧客に対して行動してもらうことが大切です。ジョブを解決する商品が単に「面白い、かっこいい、斬新だ、便利だ」という程度では、行動を促す動機としては不十分です。顧客のジョブを解決する商品であったとしても、その顧客にリーチして、十分に魅了していただくことを考えます。

5 普及理論

世の中に新しい商品、新しい概念が普及する様子を「普及理論」として説明することができます。この普及理論は、エベレット・M・ロジャーがトウモロコシの新種等の分布過程を分析し、１９６２年に『イノベーションの普及』（翔泳社刊）としてまとめたものがベースです。

イノベーションは、まだ社会に普及していない新しいモノ、コトなどの概念です。既存の商品であれば、すでに代替品があり、商品の雇用と解雇が問題になりますが、革新的な商品は、その概念が市場に浸透するまでは、簡単に受け入れてくれません。

普及理論は、このようなイノベーションを市場に浸透させる際のヒントになります。新しいイノベーションに対して、段階的に取り入れるグループと、その特徴を示しています。

図表7-5　普及曲線

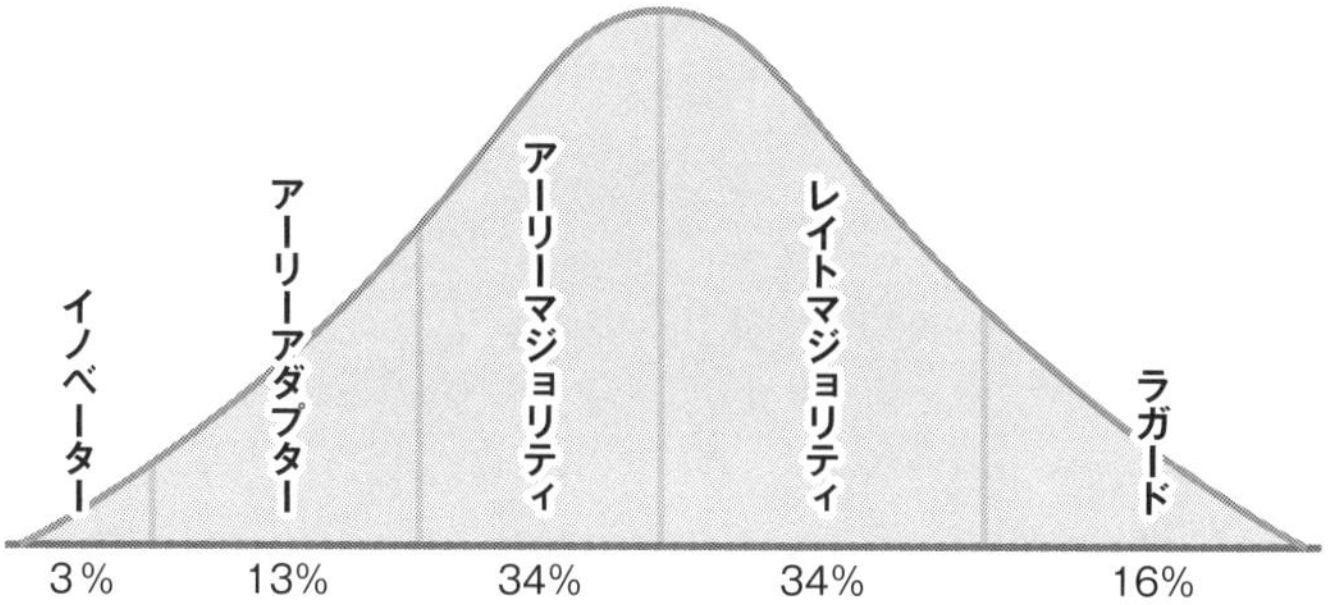

消費者が新しい概念を採用する時期によって、**「イノベーター（革新者）」「アーリーアダプター（初期採用者）」「アーリーマジョリティ（前期追随者）」「レイトマジョリティ（後期追随者）」「ラガード（採用遅滞者）」**と分類します（図表7－5）。

イノベーター

イノベーターは、新しいモノが好きで、冒険好きの変わり者です。今の言葉で言えば、オタクやマニア、ギークです。商品への関心が非常に高く、その商品の良さを楽しむことに集中します。

イノベーターは自分の満足が非常に重要で

す。それから機能的なスペックに重きを置き、仮にその商品に不具合があったとしても、自分で修理、改造を加え、積極的に企業にフィードバックします。彼らのインセンティブは新しい技術における貪欲さで、ジョブの視点では「刺激を得るために雇っている」と捉えることができます。

この層は積極的に情報検索をして、自分たちから企業に近づいてきてくれるので、企業もイノベーションの導入期に一定数リーチすることができます。普及理論では全体の市場を100とした場合、イノベーターはおよそ3程度です。

アーリーアダプター

アーリーアダプターは、イノベーターの様子見をして採用するグループです。イノベーター層との大きな違いは、積極的に周囲の人に、その商品（製品・サービス）をアピールすることです。アーリーアダプターは自分が利用していることを周囲に話して、その素晴らしさを力説します。このため、別名「オピニオンリーダー」とも呼ばれます。

アーリーアダプターは自分が流行の先端にいることを感じたい層です。この層に受け入れてもらえば、その商品は一般的な顧客層にも広がる可能性が高まります。したがって、イノベーションの普及をする際は、一般にこの層を狙ってまずは積極的にアプローチします。

また、アーリーアダプターは明確なジョブを抱えている場合が多いです。そのため積極的にジョブの解決を求め、他の代替案もトライ&エラーを繰り返す顧客層です。商品が良ければ、ブランドの有無に関係なく合理的な判断を下す能力と意思を持っています。企業が提供するジョブが雇用されるか、現在使用している代替案を解雇するか、アーリーアダプターの反応によって、方針を探ることが可能です。

アーリーマジョリティ

アーリーアダプターの様子を見て反応を示す層がアーリーマジョリティです。「あの人が使っているのならば、自分も試してみよう」。アーリーマジョリティにとって、身近なアーリーアダプターや公共的なアーリーアダプターの存在は重要です。彼らの存在自体が商品の購買やその後の使用に大きく関係するのです。

レイトマジョリティ

レイトマジョリティは、アーリーマジョリティよりも若干感度が鈍い一般顧客層ですが、全体市場の普及を考えると非常に重要な層です。

普及理論では、アーリーマジョリティとレイトマジョリティの合計が市場の約7割ですから、一般市場への普及はこの2つの層に浸透させることがカギになるのです。

ラガード

最後のラガードは、基本的に商品（製品・サービス）に無関心であり、とても保守的な層です。万が一導入したとしても、その動機は「周囲がみんな持っているから自分も持たなければならない」という消極的な理由です。そして、なかには最後までその商品を受け入れない、あるいは知らないという人も多数存在するでしょう。

6 キャズム

キャズムとは「大きな溝」を意味します。テクノロジーの普及において、「**アーリーアダプターとアーリーマジョリティとの間には簡単に越えることができない溝（キャズム）が存在し、このキャズムを越えることが商品の一般的なブレイクにつながる**」という理論です。ジョブの解決策が革新的であれば、このキャズムを越えることが大きな障害になります。

アーリーアダプターは商品の判断に対して極めて合理的です。企業ブランド認知の有無にかかわらず、実質的なジョブを解決するのであれば、商品の購入を行います。しかし、アーリーマジョリティは違います。アーリーアダプターと異なり、合理的な判断を自分たちで下すことが苦手なのです。

理論では、イノベーターとアーリーアダプターへの普及は市場全体の15～16%程度です。

この層に商品が受け入れられると、企業は一般層に一気に普及させたくて、広告宣伝や営業強化を行います。しかし、アーリーアダプターは機能的な目的でジョブを解決する傾向が強いのに対して、アーリーマジョリティは、加えて感情的なジョブや社会的なジョブを複合して解決策を提供しなければならないのです。したがって、同じジョブの目的だと捉えた企業は、このキャズムを飛び越えることができずに、メインストリームの市場に商品を普及させることができずに終わります。

通常、アーリーマジョリティに受け入れてもらうには、先行事例と手厚いサポートが必要です。そして、使い勝手もアーリーアダプターに提供していたときよりも、より自然に使いやすくする努力が必要です。商品の価値があり、利便性が高い。この条件であればアーリーアダプターは導入するでしょう。アーリーアダプターは技術や業界に対しての知識や知見があり、少々難があっても使いこなすことができるのです。しかし、アーリーマジョリティは異なります。心理的なリスクを捉え、自分が使いこなせないことが購買への障害になっているのです。アーリーアダプターのように努力してまで商品を使いません（図表7－6）。

キャズムの左側（初期市場）とキャズムの右側（メインストリーム市場）では、顧客が

図表7-6 キャズムとジョブ理論

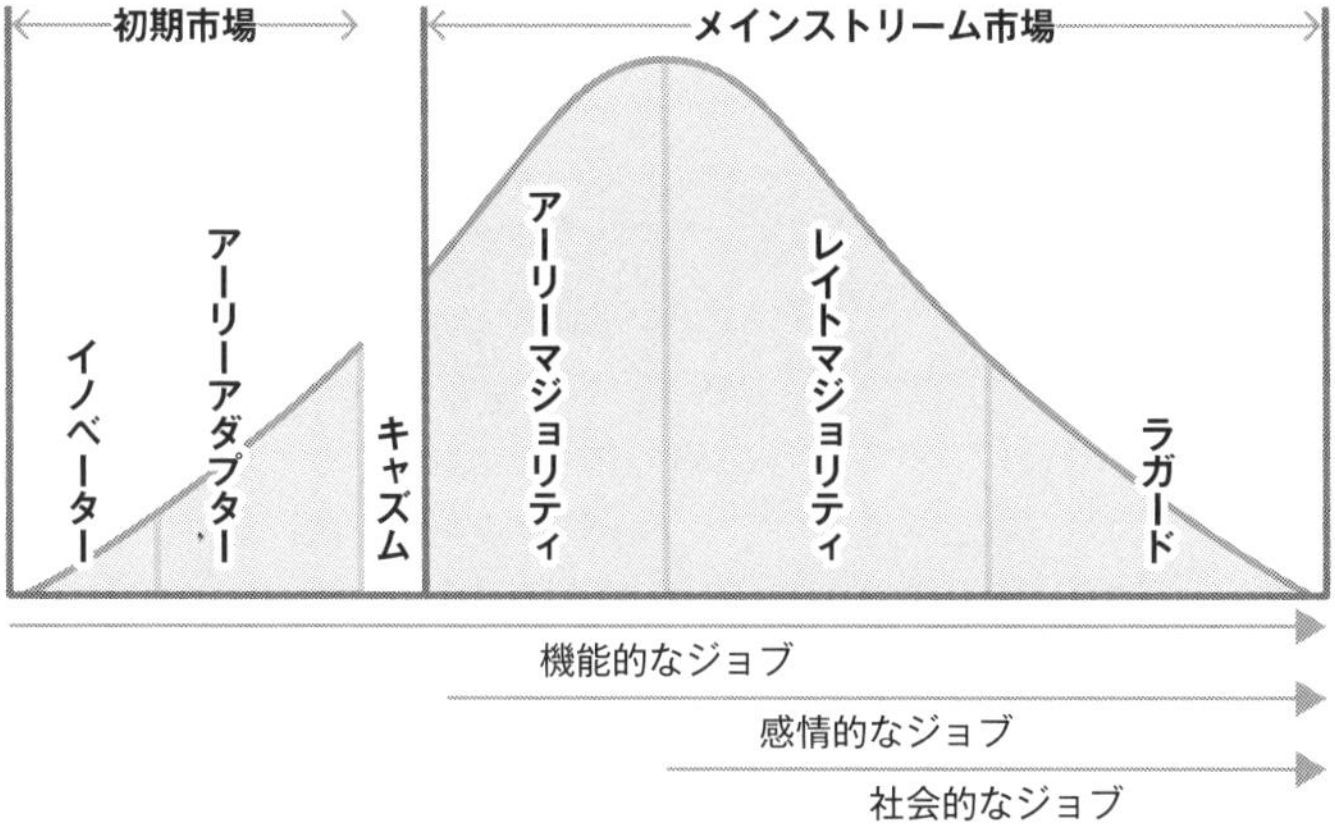

異なると捉えたほうが良いでしょう。初期市場の顧客は革新的な技術や新しさを求めています。機能的なジョブを提供すると、顧客は積極的に試し、合理的な判断をし、すでに使っている代替案の解雇を考えます。変革を求め、積極的に行動するための次世代のスタンダードを入手したいのです。

しかし、メインストリームの市場では機能的なジョブに加えて、「使いやすさ」や「実際に自分たちでも導入できる安心感」といった感情的なジョブ、「周囲が導入しているからそろそろ検討しないといけない」などの社会的なジョブの要素も加わります。

アーリーマジョリティ以降のメインストリーム市場にジョブの解決を提供する場合、

魅力的な解決策だけでは受け入れてもらえません。顧客は、意識的か無意識に、何らかの代替案をすでに雇用しています。無消費の場合もあるでしょう。そして顧客の8割は積極的に慣れ親しんだ行動を変えることに不安を抱きます。理屈上は良い商品だとわかっても、その不安が払拭されなければ購買を妨げる障害になるのです。したがって、メインストリーム市場においては、商品は実質的な機能に加えて、その不安を払拭すること自体も商品の役割と捉え、提案方法を考えることが大切です。

第8章

組織

1 成長による落とし穴

組織の形成時、はじめは顧客のジョブに焦点を当て、その解決に奔走していきますが、小さな成功体験はやがて組織の成長と拡大につながります。組織が大きくなると、企業は顧客のジョブを見失いはじめます。そして、あろうことか、組織を拡大して、管理することによって組織の停滞がはじまるのです。これらを「**組織の形成期**」「**組織の成長期**」「**組織の停滞期**」に分けて見ていきます。

組織の形成期

組織が小さいときは、少数の人間が顧客に寄り添い、顧客が成し遂げたい進歩を実現するために侃々諤々《かんかんがくがく》の議論を重ね、解決策である商品を生み出しました。元々組織には人材が不足しているので、一人の担当者の仕事の役割が明確に定義されているわけでもなく、全体の仕事として何があるかもわからない状態です。皆、試行錯誤しながらも、顧客のことを中心と捉えて、結果的に全体最適で顧客のジョブの解決を進める組織形態ができています。

組織の成長期

しかし、その取り組みは商品の販売とともに薄れます。意図的に企業が放漫になり金銭欲に目が移るのではありません。「イノベーションのジレンマ」のように、成功して拡大する組織ほど陥りやすい落とし穴があります。肥大化する組織を管理する必要性です。これは顧客のジョブとはかけ離れ、組織を管理するための指標が組織のあちらこちらに発生します。当初は、顧客のジョブの解決を促進するために、組織を細分化し、効率的にマネジメントするために、細分化した組織を管理することが目的でした。しかし、細分化され管理されると、組織はその指標の達成の有無によって自分の成績を判定されるため、結果的に管理する指標に組織の目が向くようになります。これが顧客のジョブを見失いはじめる瞬間です。

商品が売れはじめると、企業は拡大する仕事に対応しはじめます。少数の人間が重複して行っていた仕事は、徐々に標準化され、最も得意な人や適正なチームに配分されるでしょう。まだ、このフェーズでは全体の組織を見渡すことができるし、初期の開発チームがバラバラにいるため、全体として顧客のジョブにフォーカスした議論は組織の中で継続されます。しかし、一方で整理された仕事をより専門的に進めるあまり、顧客のジョブ全体を解決する仕事よりも、一部細分化された仕事を正しく進めるインセンティブが強くなりはじめます。

組織の停滞期

様々な学問で示されているとおり、誰もが全体最適の重要性は頭で理解しています。また、顧客のジョブに寄り添うことでイノベーションが起こることも知っています。しかし、一方で自分たちの仕事を正しく進めなければ、今の仕事の流れを滞らせることになります。

図表8-1　成長による落とし穴

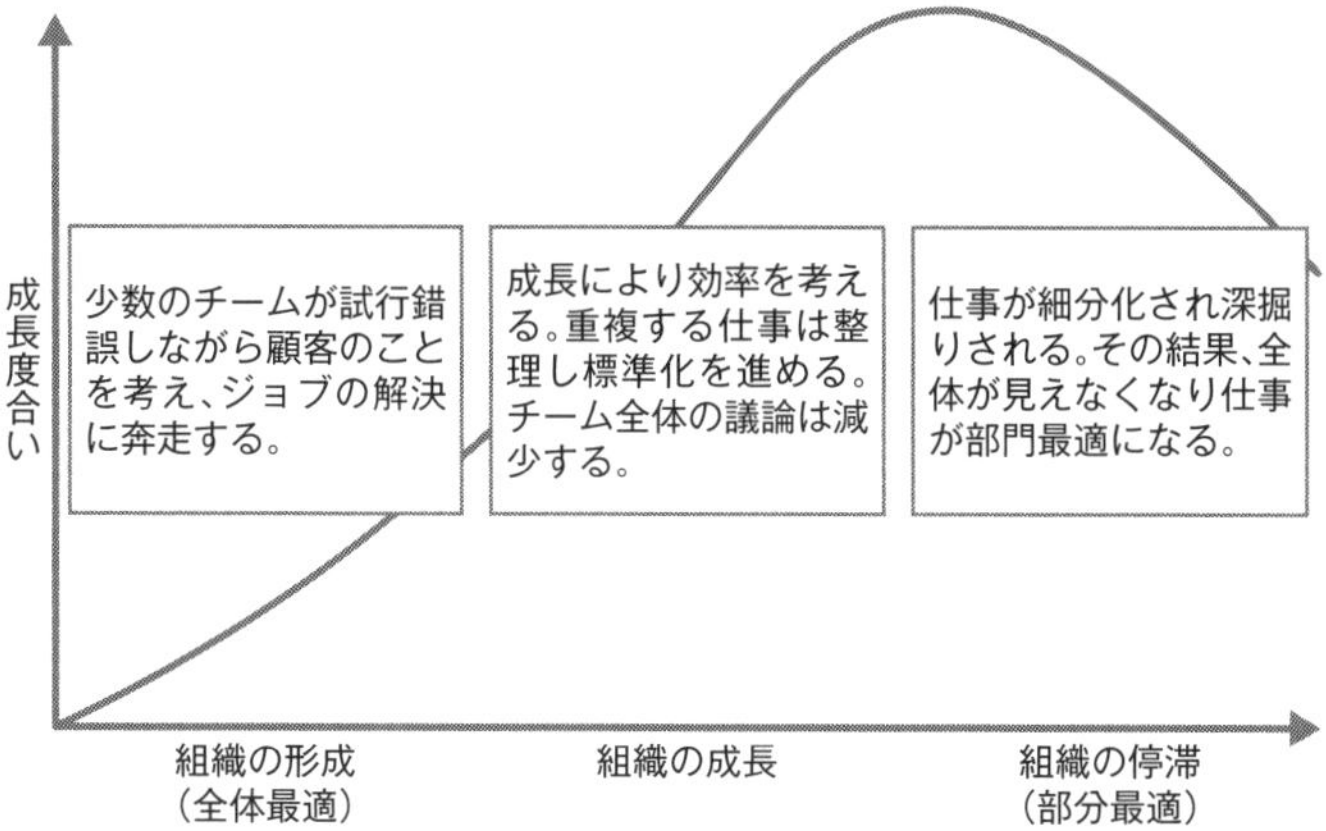
成長度合い
少数のチームが試行錯誤しながら顧客のことを考え、ジョブの解決に奔走する。
成長により効率を考える。重複する仕事は整理し標準化を進める。チーム全体の議論は減少する。
仕事が細分化され深掘りされる。その結果、全体が見えなくなり仕事が部門最適になる。
組織の形成
（全体最適）
組織の成長
組織の停滞
（部分最適）

また、組織の評価や人材の評価も組織が大きくなれば、細分化した一組織の成果に基づくため、行動は部分最適に導かれていきます。全体を見る意識がありながらも、細部に分けた仕事は全体を見ずに効率化されるため、部分では最適であっても、全体の仕事の流れにおいては不都合なことが起こりはじめるのです。結果的に時間の経過とともに、顧客のジョブの解決がなされなくなり、無意味に管理された指標が独り歩きをしはじめ、組織の停滞がはじまります（図表8－1）。

2 データ管理の副作用

組織の成長とともに、組織は細分化した仕事が正しく行われていることを把握したくなります。全体を見渡すよりも、個々の進捗が確認できれば機能部のマネジメントは自分の役割を終えるからです。そして、徐々にデータによる管理がはじまります。はじめは顧客のジョブに直結したデータを把握し管理していましたが、仕事が細分化され、機能ごとに組織が深掘りされるにつれて、データの視点も徐々に細分化した仕事を管理する方向に向かいます。初期は、それらのデータを管理指標として取り入れた背景は組織で認識されていますが、組織の拡大と細分化によって、徐々にデータが独り歩きしはじめます。クリステンセンはこのことに対して、3つの誤謬《ごびゅう》があることを指摘しています。

データの3つの落とし穴

1つ目は、「**具体的なデータは全体を切り出した一部にすぎない**」ということです。そして、実は極めて感覚的な要素もデータは持ち合わせます。具体的なデータであっても、常にそのデータがつくられた、あるいは収集された当時の前提条件や状況を把握しなければ、本来のデータの意味を解釈することが難しくなります。

2つ目は、「**顧客のジョブに反したデータには意味がない**」ということです。成長にフォーカスしていくと、組織を管理するためのデータが生まれます。そして、これらは顧客のジョブに反するものが多く、そのような数字は成長という点では意味がありますが、顧客のジョブを解決することから徐々に遠ざかっていきます。企業や組織の成長によって、本来の顧客が離れていく現象は、これらが因果となっている場合が多いのです。

3つ目は、「**人は見たい情報を捉える**」というバイアスです。人は、自分の主張が正解であれ、不正解であれ、常に自分の主張を正当化する情報を集め、そして読み取る傾向があります。目的が顧客のジョブの解決であったり、顧客のジョブの発見であれば、まだ良いのですが、細分化した組織を管理するためのデータでこのバイアスがかかると、やはり誤った方向に向かうことは明らかです。

以上3つの誤謬は、どのような組織にも当てはまりやすいです。意識してジョブの発見から提供に注力する。データを細分化する際は、最終的にそれは顧客のジョブにどのようにつながるのかを確認することを怠らない。このことは、とても大切なポイントなのです。

3　確証バイアス

　血液型がA型の人は几帳面、B型の人は協調性がない、O型の人は大雑把、AB型は変わっている——などと普段から私たちは何となくバイアスを持ったモノの捉え方をしています。自分が信じている、あるいは無意識に捉えている事象に対して、自分の解釈が、都合が良いようにデータや情報を読み取る傾向があります。

　たとえば、Aという政党を信頼しているBさんは、ネットでA政党の情報を調べる際に無意識にポジティブな情報を探しているのです。そして、その結果、やっぱりA政党は最高だと感じてしまいます。

　人間は「見たいものしか見ない」、あるいは古代ローマのカエサルが言及したように「人は現実のすべてが見えるわけではなく、多くの人は見たいと思う現実しか見ない」のです。

このような脳のクセを心理学では「**確証バイアス**」と呼びます。そして、このバイアスの影響はビジネスの世界でも少なからず観察できます。

たとえば、企業の営業担当者、マーケティング担当者、研究開発担当者が会議室に集い、自社で起こせるイノベーションの可能性について議論している風景を想像してみましょう。営業担当者は現状の市況や顧客との日頃のやり取りから、自分は顧客のジョブを把握していると考えています。マーケティング担当者は、既存製品の新バージョン、新しいバリエーション、新しいパッケージ、特別な価格帯などを用意して、既存ブランドのテコ入れは十分に可能だと考えています。研究開発担当者は、最新技術と既存技術の融合によって新たなイノベーションの可能性に期待しています。このチームをまとめている事業部長は、自部門の損益計算書の見栄えを良くする情報に注目を集めて、直近の業績を上げる視点で話を捉えています。しかし、どのチームも自分たちの考えている方向性に適したデータやファクトのみを取り上げて、都合が悪い情報は意図的に破棄、あるいは無意識に読み取っていないのです。

さらにデータは根本的な勘違いがあります。それは「定性的なデータよりも定量的なデータのほうが、より客観的で信頼できる」と多くの人が認識していることです。しかし、実際は定量的なデータも定性的なデータと同じく、個人の確証バイアスがあるのです。

「ブラインドウォーク」というゲームがあります。2人組になった片方が目を閉じ、もう片方がその人を音声で指示をして動かすゲームです。リーダーシップやコミュニケーションのトレーニングで使われる定番のワークです。ある人が「3歩前に歩いて」と言ったとき、その人との信頼性や、指示を受けた人の度胸や解釈によって、歩数の幅も、距離感も異なります。指示した人は、もっと遠くまで3歩で進めると感じますが、実際にこの「3」という数字には、何ら意味がなく、歩数を3回だけ前に進めるだけで、共通の距離感は個人の中の感覚にあるのです。

4 抽象的なデータと具体的なデータ

セオドア・レビットは米国の鉄道業界について指摘しています。鉄道業界が衰退した理由は、乗客や貨物輸送の需要が減少したからではありません。むしろ需要は増えていました。一方で、鉄道に代替する自動車や飛行機、そして電話までもが顧客のジョブを解決しはじめたのです。有名なくだりです。

レビットは言及しています。「自分たちを輸送業者ではなく、鉄道業者だと思い込んだことに原因がある」。当時の鉄道会社は顧客のジョブではなく、鉄道という商品単位で市場を定義したのです。

一方、近年のスタートアップ企業は鉄道会社と対極です。起業のきっかけそのものが自分自身の特定の状況から成し遂げたい進歩を見出して、それを解決する目的で事業をスタートしているからです。彼らは、起業家でもありながら同時に自らが顧客でもあるのです。彼らがイノベーションを起こすためのヒントは、自らが苦労した体験や一緒に取り組んでいるチームの体験から来ています。そこには既存の企業がきっちりとデータで把握しているような数字の羅列はありません。極めて抽象度が高いストーリーがあり、個々の起業家が経験した実体験という文脈が多く存在しています。そして、その文脈は明確に構造化されておらず、まだ定量化された情報にまで昇華されていない状況です。極めて抽象度の高い情報なのです。

満たされていないジョブや中途半端にしか解決されていない問題は、きっちりと具現化した形で示されることはほとんどありません。顧客の属性や、商品スペックの比較、競合との優位性や品質の精度などのように一義的に管理できる定量データなどは存在しないのです。多くは、顧客の苛立ちや不具合を感じたときの状況などで、すべて抽象度の高い、文脈として示されています。

組織が形成された段階は、複数人のイノベーターが互いにこの文脈を解釈して議論してジョブの解決策を見出していきます。そして、ジョブの解決策が商品（製品・サービス）として定義されはじめると、徐々に担当のマネジメントは自分の担当業務の進捗が見える具体的なデータを定義して管理しはじめます。抽象度が高かった文脈たっぷりの情報が徐々に薄れてきて、組織は顧客のジョブを管理することから、自分の仕事、仕事の流れの一部の機能の実現を管理するようになります。

開発は、リードタイムや品質、開発コストや開発の効率性といったデータを創り出します。製造は、設備投資の回収期間や生産性の向上、現場の安全性といったデータを創り出します。商品の販売は、売上や販売個数、商品ごとの利益や売れ筋などといったデータを創り出します。仕事の流れによって細分化された機能ごとに、時にはその機能をさらに細分化した部門ごとに管理するデータが生まれます。

難解で、表現や管理が難しい抽象度の高い顧客のジョブに関する文脈よりも、前述した具体的なデータはマネジメントにとって管理しやすく安心感をもたらすのです。

具体的なデータは悪でもないし、ジョブを管理する上でも非常に重要です。しかし、問題は管理しているマネジメントがその断片的な具体的データを常に抽象度の高い顧客のジョブに関する文脈と関連して把握しなくなることです。具体的なデータのみを信憑《しんぴょう》して管理する結果、実世界の姿を歪曲して捉えてしまうのです。

5 見せかけの成長

マーケティング本来の考え方は、特定の顧客ターゲットに対して、解決策を提供するための商品の立ち位置を示し、その上でマーケティングミックスである商品、価格、流通チャネル、販売促進活動を定義し、優良顧客になっていただくアプローチを設計することです。たとえば、市場が「A、B、C」という切り口と、「1、2、3」という切り口で表現できたとき、(A、1)という顧客のジョブにフォーカスしたら、そのジョブを解決するために最適化したマーケティングミックスを提供します(図表8-2)。

ジョブは顧客の特定の状況によって異なり、顧客によって成し遂げたい進歩も異なりますので、万人受けする解決策を提示することは極めて困難です。しかし、ジョブの解決策が商品として定義されはじめると、その提供に投資をして、さらにたくさんの商品を顧客に販売しようとなります。大量の商品をつくることができるようになれば、商品販売の限界コストも下がり、企業はさらに大きな収益を見込めます。しかし、このことは見せかけの成長にすぎないのです。

図表8－3をご覧ください。もし企業甲社が（A、1）という市場セグメントにて成功し、他の市場セグメント（A、B、1、2、3）にも同じような商品展開を行ったとします。1つの市場セグメントでは売上10とすると、全体の売上は60になります。この場合、売上は10から60になっているので、確かに成長していることになります。しかし、通常は特定の市場セグメントに特化した競合がいて、（C）に強い乙社や（A、B、2、3）に強い丙社など、あるいは将来的に特定の市場セグメントに特化して参入する破壊的な競合相手が出てくるかもしれません。甲社は見かけ上は売上が増加しますが、収益や他のセグメントにおける収益性や顧客からの支持は（A、1）の市場セグメントよりは条件が悪くなるのです。

筆者は昔、あるビジネスバッグが大のお気に入りでした。そのバッグを買って、出社する自分はいつも、本当の自分よりも背伸びした、実力のあるビジネスパーソンのように思えたのです。ガッチリとしたデザインで、必要以上の耐久性と無骨さがそのブランドの特

図表8-2　基本的なマーケティングの流れ

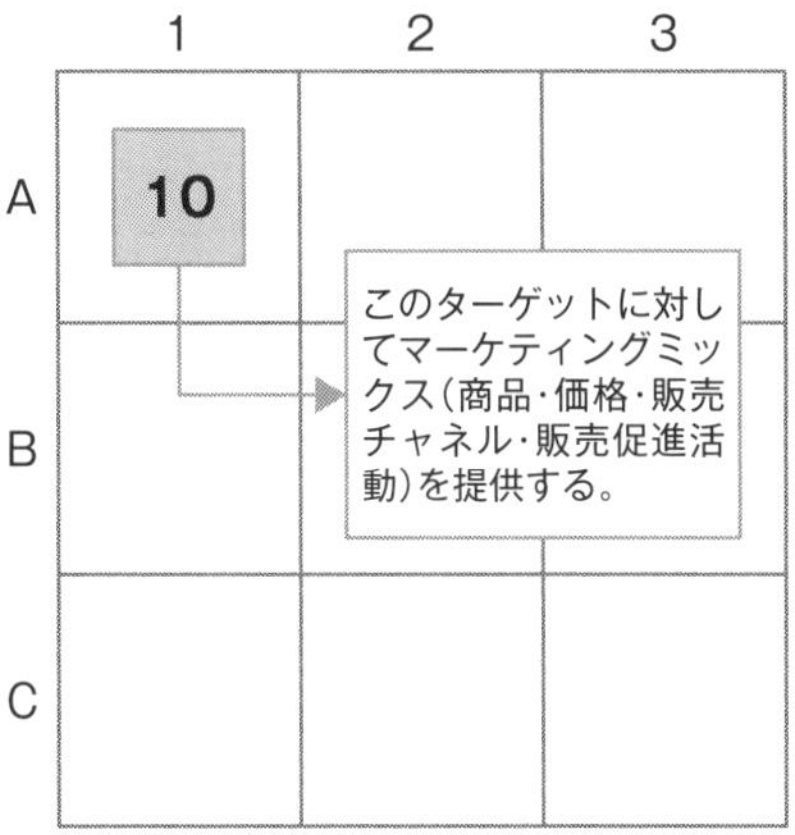

図表8-3　見せかけの成長

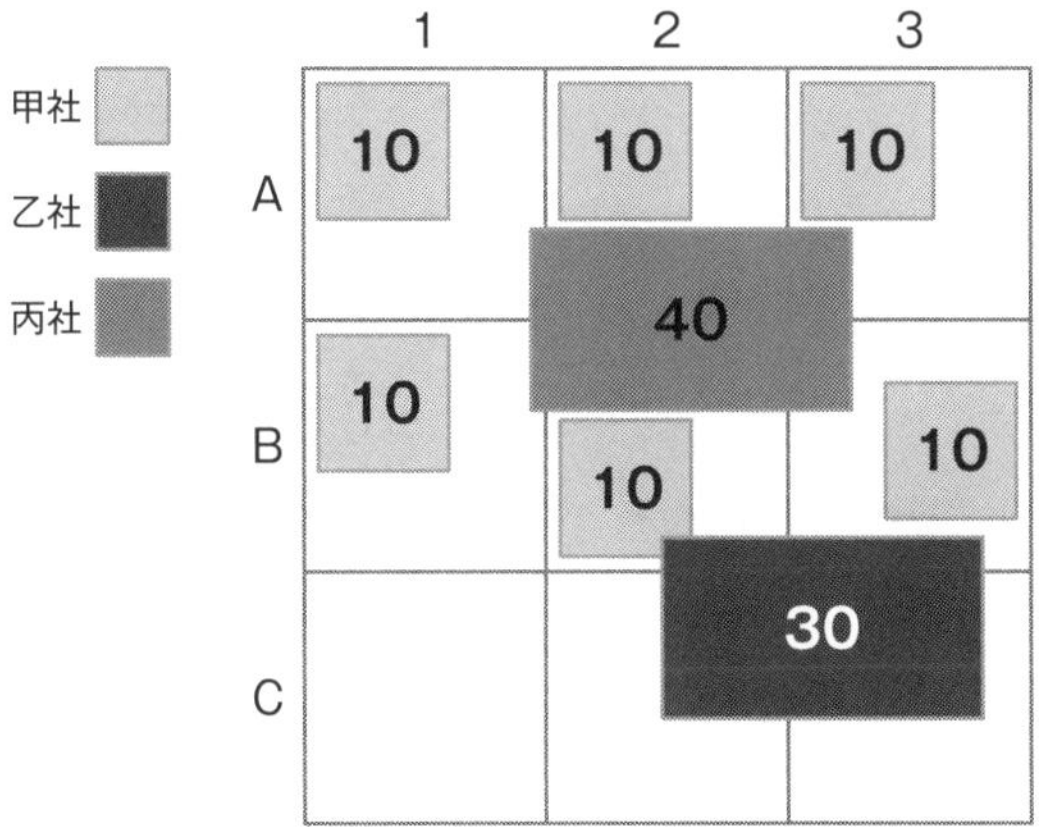

徴でした。

しかし、そのバッグが普及するにつれ、はじめはバッグの生地をさらに耐久性を持たせるなどの変化だったので良かったのですが、徐々に小物を展開、限定色として従来のイメージと離れた少し明るい色を展開しはじめます。そして、最終的には女性向けのラインや、当時の商品と真逆の少しフェミニンなデザインまで出てきました。いつしかそのバッグの浸透とともに、自分が抱いていたイメージと乖離《かいり》するブランドに嫌気がさし、筆者はバッグを持つことを止めてしまいました。過度にブランドエクステンションをした場合、元々の顧客が離れることもあるのです。

ある電動工具メーカーを有名にした商品に卓上スライド丸ノコギリがありました。この商品は業界でダントツの支持があり、同社の信頼を高める役割を担っていました。しかし、同社が買収され他社の傘下になった後は、卓上スライド丸ノコギリから、次々に新しい分野へと商品展開をはじめました。ホームセンターのニッチトップだった同社は、いつしかホームセンターの棚にある商品をすべて自前のラインナップに揃えて市場に提供します。

そして展開スピードを急ぐあまり、自社の製造機能を捨て製造を外にアウトソースしてしまいます。結果的には製造コストを下げて大幅な利益貢献になったようですが、卓上スライド丸ノコギリ以外の商品は、他者の模倣に走っていたため、ユーザーも見切っていたのか、期待する売上をあげることができません。

顧客のジョブを無視して、商品展開を行い、売上を増加させたとします。しかし、その行為は当初の成功したジョブのフォーカスを失います。さらに悪いことに、多くの顧客向けに、多くのジョブを解決しようとすればするほど、顧客は混乱し、ジョブの解決と異なる商品を誤って購買させる可能性が高まります。結果的に顧客は、その商品が合わず、解雇の対象となるのです。そして、世の中に出現した、あるいは継続的に1つのジョブのみ解決している商品が破壊者となり、顧客を奪われてしまうのです。

6 コンピテンシー・トラップ

イノベーションの源泉は、いかに知恵と知恵をぶつけ合わせながら、アイデアを出すかにつきます。はじめは少数のチームが試行錯誤しながら顧客のことを考え、観察して、ジョブの解決に奔走します。自分たちが行っている事業の〝知〟に、他事業や他業界のモデルの〝知〟を組み合わせることで、何か新しいアイデアが生まれることはよく耳にしますし、経営学の世界でも研究されています。

新規事業やイノベーションにおいて、企業は常に新しいことを探索し見つけ出そうと努力します。このことは「**知の探索**」と呼ばれます。通常、アイデアを拡げ、拡散することはものすごい手間暇がかかります。既存事業を主に行っている部隊からすると、新規事業の仕事内容は、常に成果が見えず、時間と資源ばかりを無駄に費やしているかのように思われるのはこのためです。

したがって、そのような活動を通じて生み出された知からは、相当の収益を求めるのが企業の自然な考え方です。企業は知の探索をすると、必ずそれらを利益に変えることを望むため、一定分野に絞り今度はその知をどんどん深掘りしていく行動をはじめます。このことは**「知の深化」**と呼ばれます。

「知の探索」と「知の深化」を総合して捉えると、目先の収益を上げたいがために、今業績が上がっている事業領域の知を深化させたほうが楽だと考えます。知の探索は手間やコストや時間がかかるわりには、収益につながるかどうかの確証がありません。探索は常に不確実な要素が多分にあるからです。そのため、企業は徐々に知の探索を怠る傾向が強くなっていきます。結果的にはじめはイノベーションを興していた企業も、やがて知の探索をやめ、中長期的なイノベーションの停滞に陥ります。このことを**「コンピテンシー・トラップ」**と呼びます（図表8－4）。

組織の形成期、特定の状況で顧客が成し遂げたい進歩を探すべく、少数の人数が集まります。A、B、Cの3人は日夜、顧客のジョブの発見と提供に奔走します。A、B、Cがどのような能力があり、何が得意なのかが割と不明なため、また圧倒的に人が不足しているため、3人は様々な仕事内容を重複し、兼任して進めます。

仮に、ジョブの発見からジョブの提供、そしてフォローの流れがあったとします。その流れは、開発、調達、製造、販売、フォローとします。3人は全体の流れをさほど意識せずに、常に顧客本位に捉えた行動をとっています。ジョブの解決方法に対しても議論を深め、提供後のフォローもジョブの解決の一部として一応は考えているでしょう。しかし、まだ商品（製品・サービス）が明確にあるわけではないので、全体は明確に定義されているものではなく、全体を抽象度高く、ふわっと捉えている状態です（図表8－5）。

事業が軌道に乗り、商品の販売が徐々にはじまり、ジョブの解決を待ち望んでいた顧客が徐々に増えはじめます。組織は成長をする中で、より多くの同様のジョブを抱えた顧客に対して商品を届けようと考えます。

A、B、Cの3人も互いに重複する仕事や兼任する仕事を整理しはじめ、知の探究から緩やかに知の深化へと方向を変えていきます。組織の形成時期の経験から、Aは商品開発や顧客のジョブを見つける仕事を引き受けます。Bは商品の製造を担当して、より効率的に商品をつくることを考えはじめます。Cは収益を上げるために販売やフォローに集中します。緩やかですが、仕事の流れが上流から下流に向けて細分化されはじめます（図表8

図表8-4　コンピテンシー・トラップ

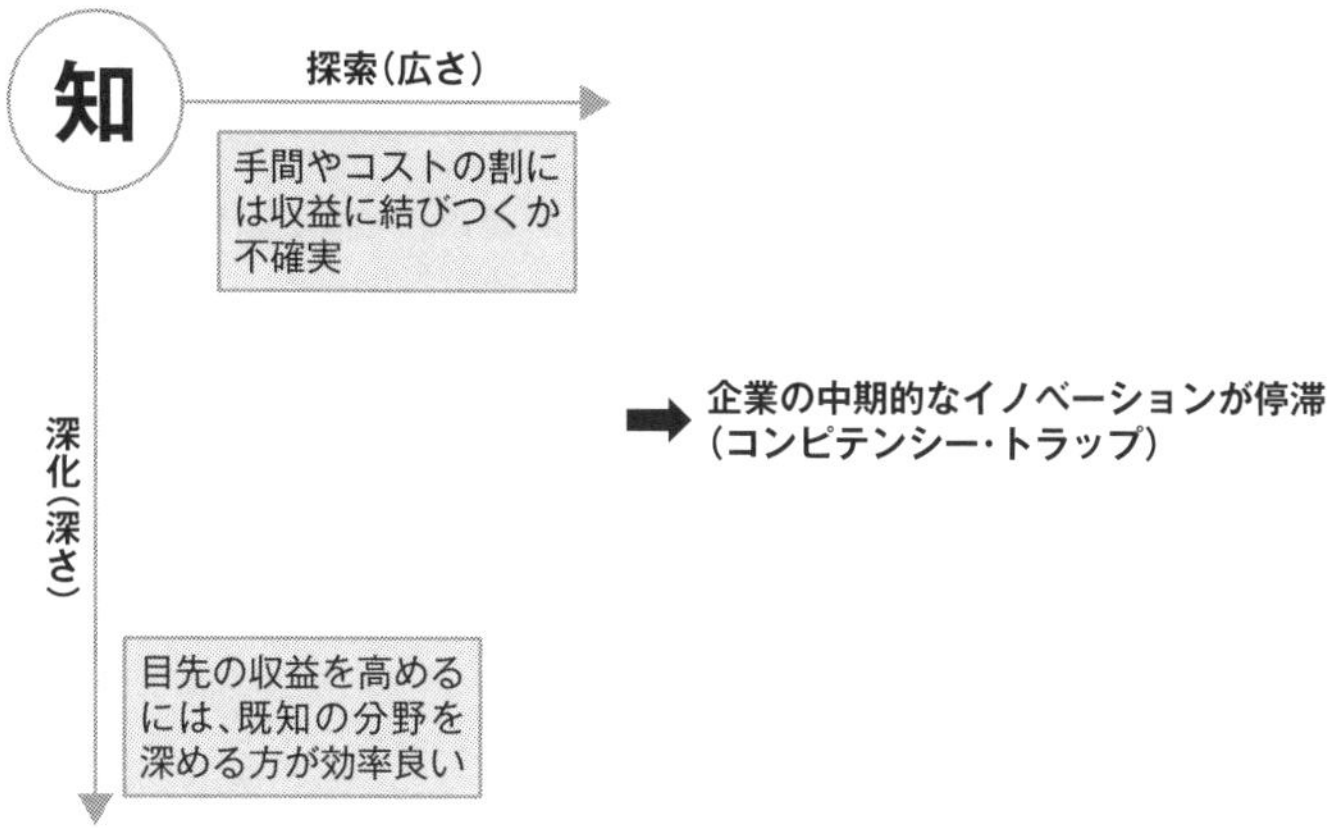

図表8-5　形成期の組織

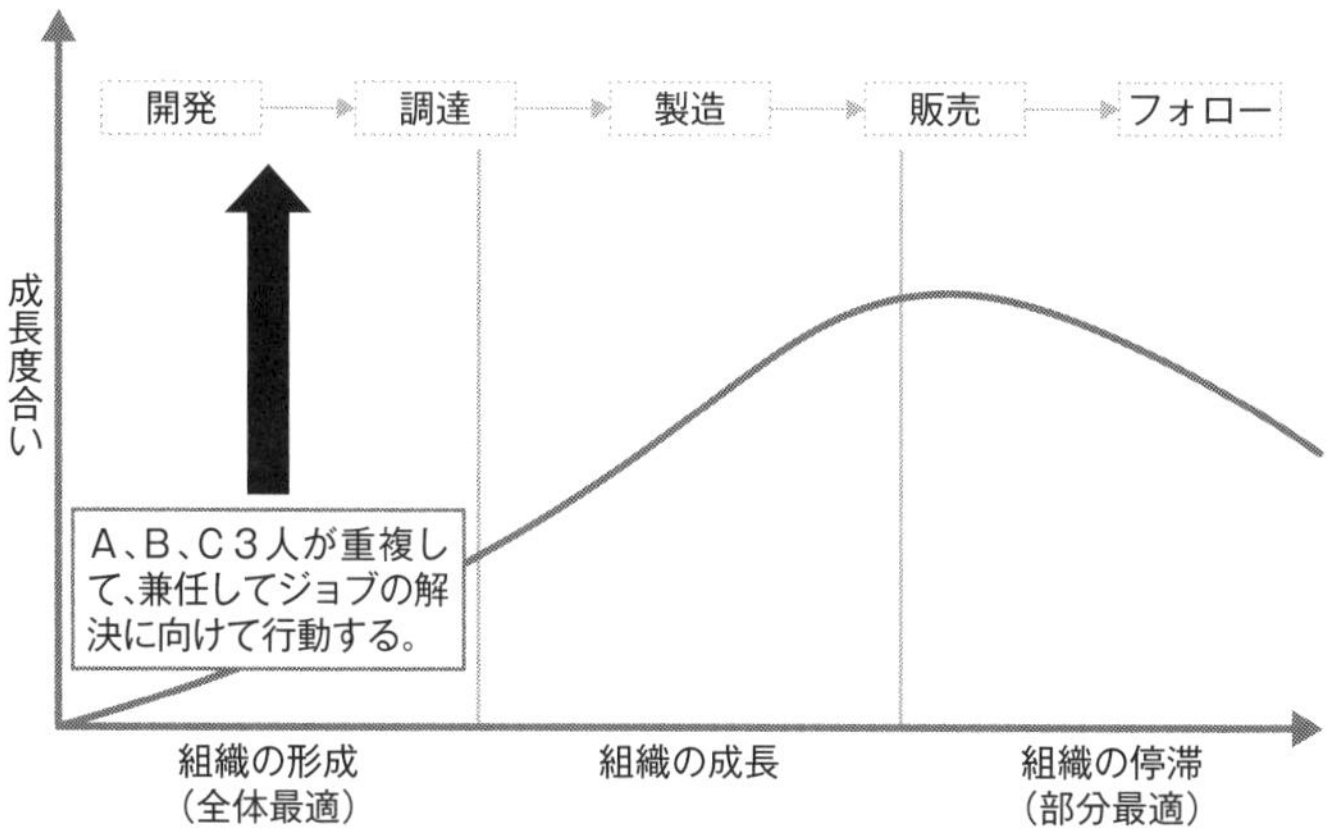

－6）。

成長を遂げる組織は、知の探索よりも知の深化を好み、収益を拡大するために、一定分野の知の深掘りをどんどん進める動きが加速します。Aは研究と開発を担い、組織が拡大してきたので、研究の責任者と開発の責任者を新たに雇います。さらに、研究チームも基礎研究と応用研究に分けて、知の深化を進めます。同様にBも調達と製造の責任者を増やし、それぞれの部門がさらに細分化されます。Cも販売とフォローの責任者を増やし、やはり細分化を進めます。

結果的に、顧客のジョブを見つけて、解決するための商品づくり、それらを届け、顧客のフォローといった全体の流れが見えにくくなります。それぞれの機能ごとに管理者が置かれ、個別の機能単位で組織が動くようになっていきます。組織が機能ごとに分かれると、さらに知の深化が進み、その機能を細分化することで、最終的にはフラットだった組織が階層をなすピラミッド組織に変化していきます。階層化した組織は、縦のラインは強化されますが、横のつながりが希薄になり、自分の業務の上流と下流が見えなくなり、さらにコンピテンシー・トラップが進むという悪循環を生むようになります（図表8－7）。

図表8-6　成長期の組織

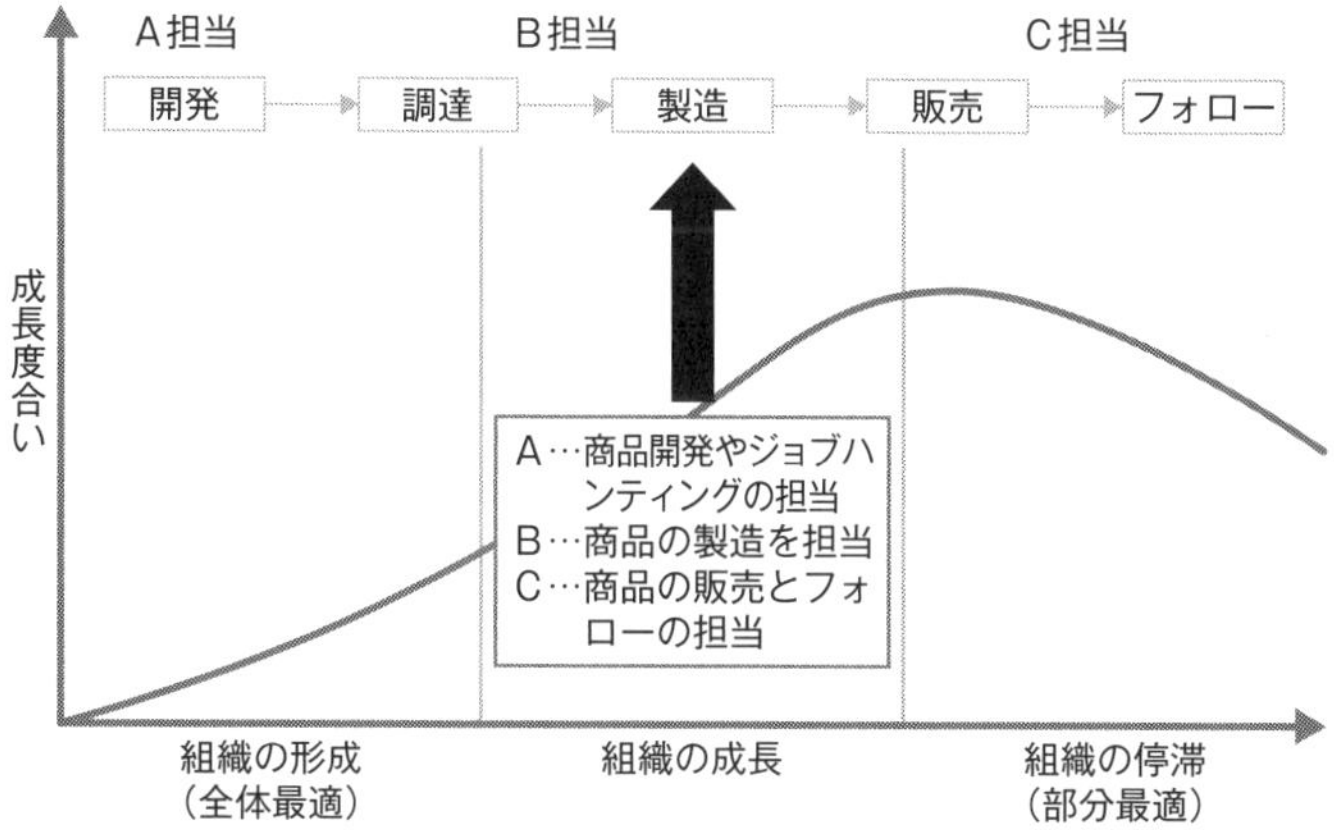
A担当
B担当
C担当
開発
調達
製造
販売
フォロー
成長度合い
A…商品開発やジョブハンティングの担当
B…商品の製造を担当
C…商品の販売とフォローの担当
組織の形成（全体最適）
組織の成長
組織の停滞（部分最適）

図表8-7　停滞期の組織

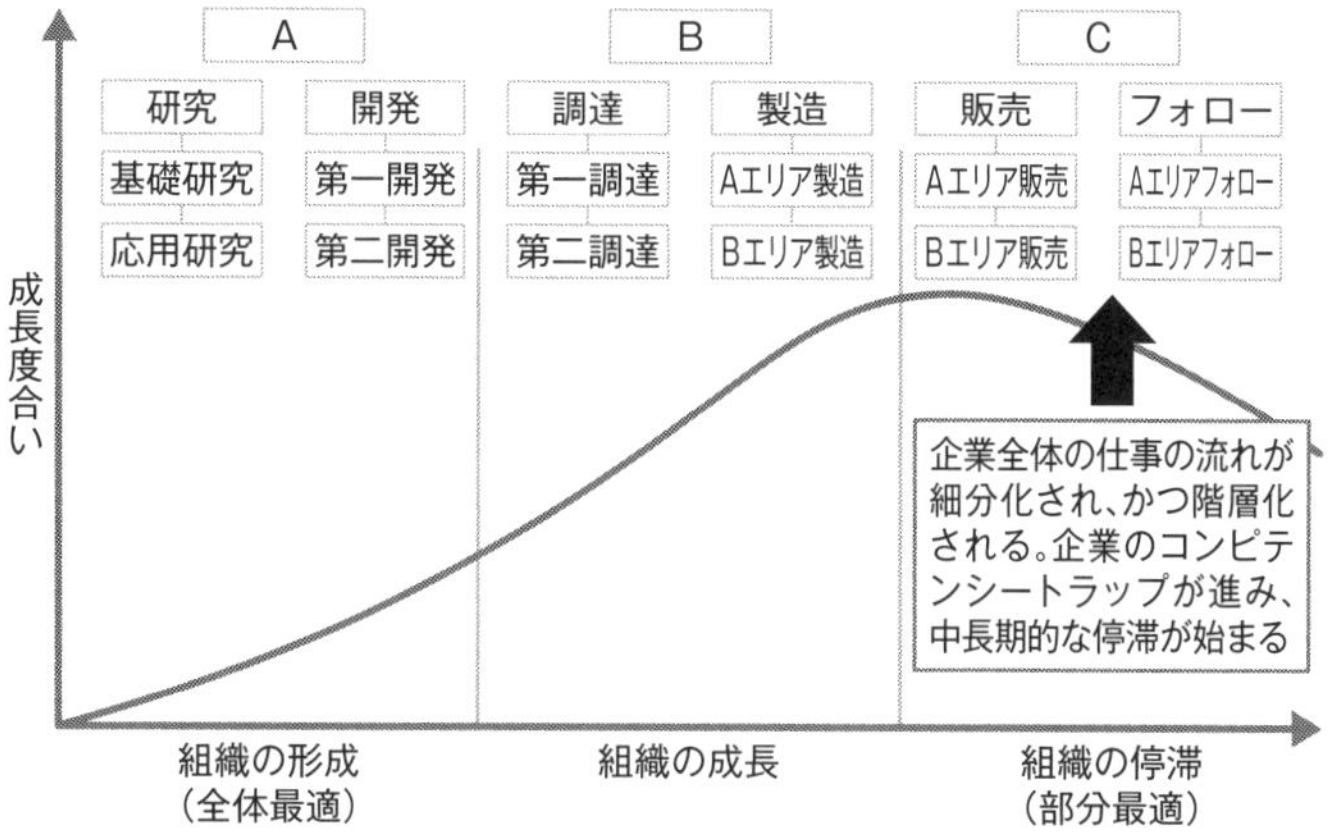
A
B
C
研究
開発
調達
製造
販売
フォロー
基礎研究
第一開発
第一調達
Aエリア製造
Aエリア販売
Aエリアフォロー
応用研究
第二開発
第二調達
Bエリア製造
Bエリア販売
Bエリアフォロー
成長度合い
企業全体の仕事の流れが細分化され、かつ階層化される。企業のコンピテンシートラップが進み、中長期的な停滞が始まる
組織の形成（全体最適）
組織の成長
組織の停滞（部分最適）

7 ジョブを中心とした組織

皮肉なことに、組織が形成された当初は、顧客のジョブの発見と解決に集中していた組織も、やがて来る成長と拡大に応じて、組織を効率的に管理する内向きに目が向いてしまい、結果的にジョブから遠ざかる組織のバリューチェーンができあがってしまうのです。

したがって、多くの組織は、今の管理体制をゼロから見直して、階層をなくし、互いの仕事を理解しあい、顧客のジョブの発見と解決に最適な組織形態をつくることがポイントです。

ジョブ理論を活用してジョブを中心とした組織をつくるためには2つのステップがあります。はじめは、顧客のジョブを発見してジョブの定義とジョブスペックを整理することです。これらを行うためには、企業横断的にジョブチームをつくり実現します。次に、ジョブの定義をもとにジョブを解決する組織にするため、必要に応じて今の組織を見直します。

ジョブチームの立上げ

社内で顧客のジョブの発見や解決を行う場合、ジョブチームを組織します。ジョブチームは、**「特定の状況で顧客が成し遂げたい進歩」**を発見して整理し、次にそれを組織に展開して継続的に組織に浸透させることが役割です。したがって、企業横断的に、複数の機能や役割など異なる業務についている人を選定します。

人事、総務、経理、技術、経営企画などの支援活動部門は、顧客自体が実は組織の内部に存在しており、ジョブチームに参画することで自分たちの仕事のあり方を見直す機会も得られます。研究、開発、調達、製造、営業、マーケティング、サービスなどの企業の主活動に携わる部門は、顧客のジョブを意識していると思いながらも、ごく限られた範囲でしか物事を見ていないことに気づくでしょう。

それぞれの異なる業務の視点から顧客のジョブを一緒に発見することで、限られた機能部だけでは発見できない顧客のジョブを見つけることもできるでしょう。また、メンバーが互いに議論する過程で、意味のない管理の仕事や、逆にジョブの発見と解決に不足する仕事などが視覚化されていきます。また、ジョブチームが発見した顧客のジョブは、今後様々な舞台に展開され、解決する仕組みを提供していきます。当然に、主要メンバーがジョブチームにいることで、その後の組織的な展開もスムーズに進みます。

選定する際は、支援活動に従事する人事、総務、経理、技術、経営企画などの部門と、主活動に従事する研究、開発、調達、製造、営業、マーケティング、サービスなどの部門から2名から最大10名程度を選出してメンバーを選定します。仮にメンバーが10人になる場合は、調整と議論に時間がかかりすぎるので、その場合は常任メンバーを3人から5人程度に絞り、アドバイザーや必要に応じて参加させるメンバーを調整すると良いでしょう。

組織の見直し

ジョブを定義することができたら、その実現において、既存の組織の枠組みでは不都合な部分を整理して、適宜組織を修正変更します。ここにおいて正解はありませんが、ジョブのレンズを通すと次の4つをポイントとして組織を見直すことをおすすめします。

1つ目は、**意思決定の分散化と権限委譲**です。すべての社員がジョブに沿った的確な意思決定と行動をとれるように、自律的かつ発想力豊かに下せるように工夫します。

2つ目は、**資源の最適化**です。何がジョブにとって重要なのかを整理しながら、企業が持つ資源を配分してバランスをとることです。既存の組織で長い間、戦略的に内部の組織を見直していなければ、内部リソースの配分は顧客のジョブの解決からかけ離れたものになっている場合が多いです。

3つ目は、**意欲**です。長い間、ルーティンワークとして仕事をしている中でも、ジョブを中心にすると意欲が高い人材が抽出されることがあります。当然、意欲が高い社員を見つけて、他の社員をリードするような組織形態に変えていくことは大切です。また、ジョブを中心に仕事をすることで、意欲が低迷していた社員もジョブの解決を実現するために高まっていきます。

最後は、**適切な測定基準の見直し**です。既存の組織を管理するための指標はどうしても管理することが目的になっている場合が多いです。したがって、組織の見直しと同時に、すべての指標をジョブの解決に紐づける工夫を行います。

実際、簡単に記述して、簡単に実現できることではありません。しかし、組織が解決するジョブを正確に表現する手法と、それを企業文化に深く埋め込む取り組みを開始することで、時間はかかりますが、苦労以上のメリットが多数得られることでしょう。

第9章

B2B(法人ビジネス)への応用

1 B2Bビジネスの特徴

B2B（対法人）ビジネスは、企業や政府機関、団体などの組織を対象とした事業です。顧客が組織であるため、B2Cビジネスと比較して、購買活動に関与する登場人物が複数存在するため、購買活動における意思決定が複雑になります。したがって、組織で一度導入した取り組みを変えることは難しく、法人ビジネスにおいては購買後の関係構築を継続することが重要とされます。

B2Cビジネスでもそうですが、顧客は商品の購買がスタートです。したがって、ビジネスの中心はビッグハイアではなく、リトルハイアになり、法人顧客と組織間の関係を維持構築する中で、リピート注文や新たなジョブの発見と解決を提供するのがB2Bビジネスの商品になります（図表9－1）。

第9章　B2B（法人ビジネス）への応用

図表9-1　法人ビジネスの特徴

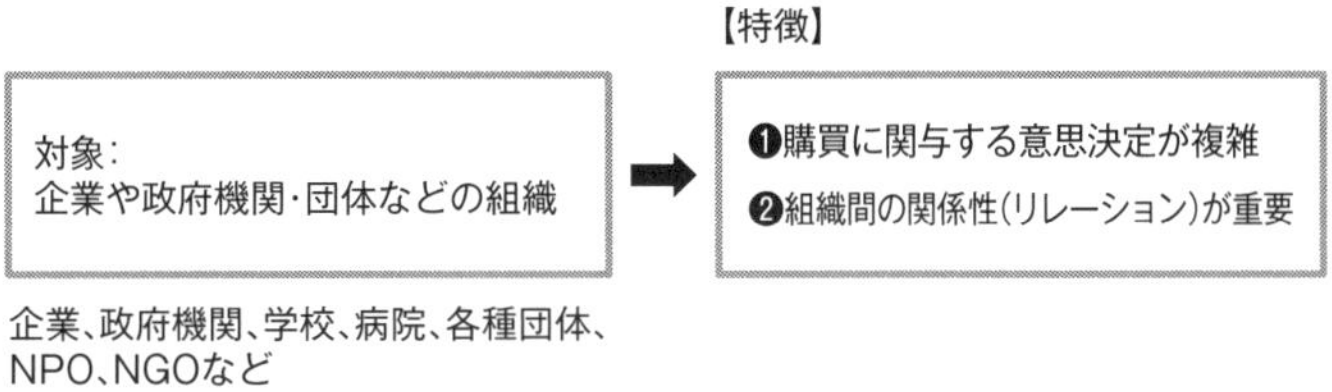
【特徴】
対象：
企業や政府機関・団体などの組織
❶購買に関与する意思決定が複雑
❷組織間の関係性（リレーション）が重要
企業、政府機関、学校、病院、各種団体、
NPO、NGOなど

B2Bのビジネスはジョブの定義の仕方にもB2Cと比較して特徴が異なる部分があります。ジョブの定義は「**特定の状況で顧客が成し遂げたい進歩**」です。B2Cの場合は、顧客が成し遂げたい進歩は顧客自身や顧客の家族など、顧客を中心とした対象に限られることが多いです。「ミルクシェイクのジレンマ」の事例のように、顧客のジョブには「優しい父親のように見られたい」「家族で充実した時間を過ごしたい」などがありました。

一方、B2Bが対象にする顧客は、法人顧客の場合が多く、そのジョブの目的は、**法人顧客の問題解決**と考えることができます。そもそも法人顧客が商品を購入する理由を考えてみると、ジョブの定義が見えやすくなりま

図表9-2　法人顧客が商品を購入する目的

"商品そのもの"の購入ではない

"商品を活用して"自分たちの事業を行うことが目的

す。法人顧客は、自分たちでビジネスを行う際に、商品（製品・サービス）を購入して事業を行います。その際に、自分たちですべて行える場合でも、その商品を活用するメリットがある場合は、商品の購買をします。また、その商品を活用しなければ事業を完結することができない場合も当然商品を購買します。商品そのものを購入しているのではなく、商品を活用することで、自分たちの事業を行うことが目的なのです（図表9－2）。

法人顧客にとってのジョブ

商品を活用する際の目的は2つの方向性があります。

1つ目の方向性は、**法人顧客の内部の問題を解決する目的**です。その商品を活用することで、より自社の効率が上がったり、生産性が向上したりする場合です。会計システムを導入して、自社の連結会計の効率を良くする。人事評価システムを刷新して、今の事業モデルに合致した仕組みに変換する。複数の取引先の情報を一元管理して、現場でも社内でも同じように情報が見えるようにして納入までのリードタイムを短くする。社内のオフィス環境の空調効率を上げることで社員がより働きやすい環境を提供する。このような提案はすべて、法人顧客の内部のジョブを解決しています。

2つ目の方向性は、**法人顧客の収益**に直結します。法人顧客が提供する商品もまた、法人顧客のジョブを解決することが目的です。法人顧客の顧客がジョブを解決することができれば、その法人顧客からその商品を購入することでしょう。製造メーカーに計測機器を導入する企業は、その企業が計測機器を使って商品の品質を高めることによって、顧客の商品の品質を高めることに協力しています。運送業にダンボールを供給するメーカーは、その企業がダンボールに荷物を梱包して安全に荷物を届けることに協力しています。飲食店に調理器具や厨房装置を提供するメーカーは、その企業が美味しい料理をつくれることに協力しています（図表9－3）。

図表9-3　成し遂げたい進歩の違い

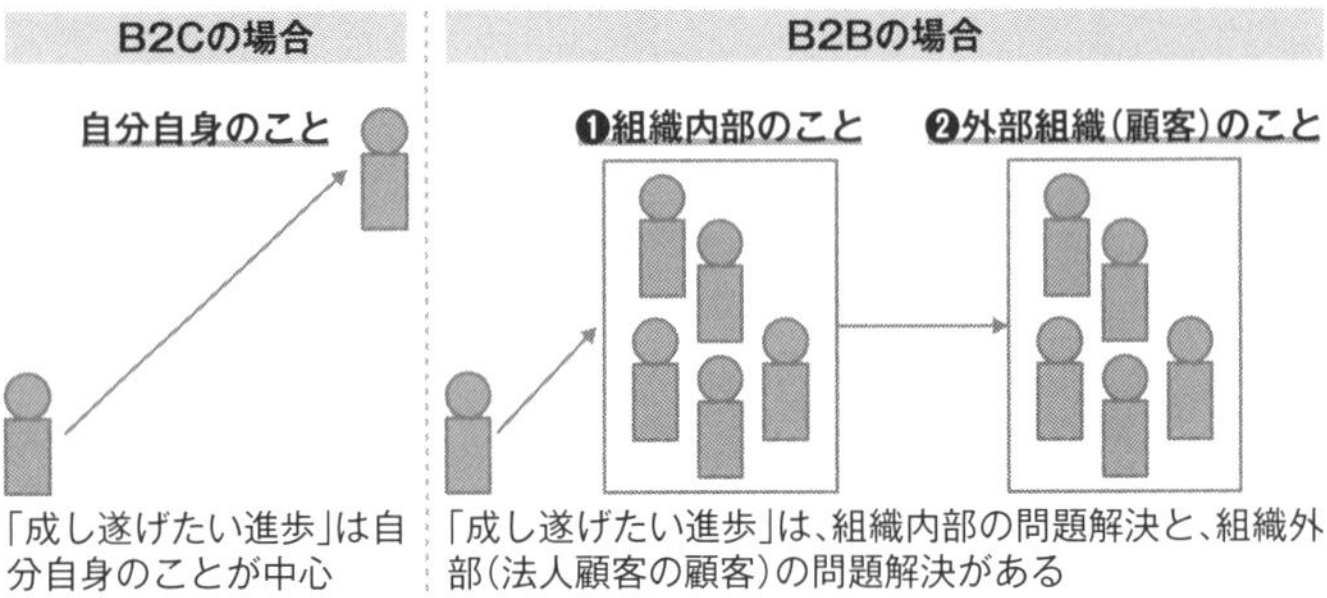

図表9-4　「特定の状況」の分析と理解のポイント

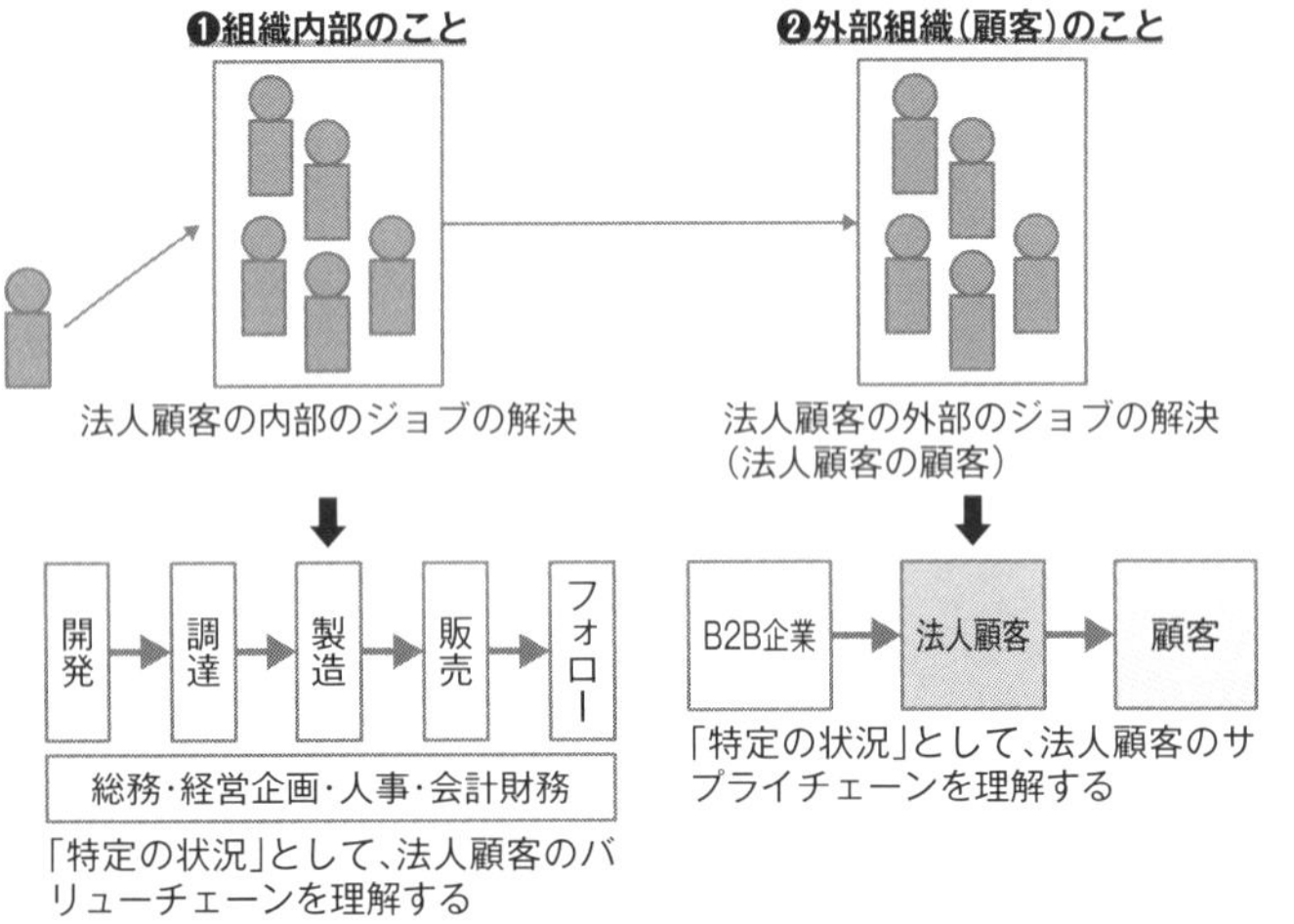

このように、法人顧客のジョブは、**法人顧客の内部のジョブの解決**と、**法人顧客の外部のジョブの解決（法人顧客の顧客のジョブの解決）**が商品なのです。したがって、法人顧客の内部のジョブの解決をするためには、その法人顧客の仕事の流れ、つまり「特定の状況」の理解として**法人顧客のバリューチェーンの分析と研究**がポイントになります。また、法人顧客の外部のジョブの解決をするためには、その法人顧客のビジネスの流れ、つまり「特定の状況」の理解として、法人顧客の事業の全体像と、上流から下流までの仕事の流れ、**サプライチェーンの分析と研究**がポイントになります（図表9－4）。

B2Cは顧客のジョブを考えるのに対して、B2Bは法人顧客のジョブと同時に、〝**法人顧客にとっての顧客**〟のジョブも合わせて考えることがポイントです。

2 B2BとB2Cの違い

B2BとB2Cは多くの違いがありますが、ジョブのレンズを通して観察すると、「**顧客の何らかのジョブを解決する**」という点では共通点があります。まず、B2Bを理解するために、B2Cとの違いを整理します。

B2Bは基本的に組織相手のビジネスですから、B2Cと比較して購買する主体が組織です。したがって、個人が意思決定する何倍もの時間と、意思決定に関わるメカニズムが複雑になる傾向があります。したがって、一度決定して組織の中に導入されたものを、別のソリューションなどに置き換える場合、非常に手間と時間がかかるため、通常はスイッチングコストが非常に高くなります。

また、B2Bは業界に特化したり、特定の顧客に特定の解決策を提供することを長年続

図表9-5　B2BとB2Cの違い

	B2C	B2B
購買する主体	個人で行う傾向	組織で行う傾向
意思決定する主体	個人で行い単純	組織で行い複雑
意思決定までの時間	短い	長い
スイッチングコスト	低い	高い
専門性	低い	高い
セグメントの切り口	細かい	大まかに分類した後、さらに組織をセグメント分けする
購買量／金額	少ない／小さい	多い／大きい

けているため、非常に専門性が高いです。ＳＴＰ分析で法人顧客を特定する場合は、規模やエリア、取り扱う商材など大まかに分けて、その後は特定の組織ごとに分析します。したがって、Ｂ２Ｃのセグメントの切り口が細かいことと比較すると、Ｂ２Ｂは切り口が大まかになります。

最後は、取引金額や取引量です。Ｂ２Ｂはその商材を使ってエンドユーザーに対してビジネスを行うことが目的ですから、当然取引金額は上がり、取引量は大きくなります（図表９－５）。

3
B2Bのジョブ

B2Cのジョブの目的には、「**どのように成し遂げたいか？**」という機能的ジョブと、「**どのように感じたいか？**」という感情的なジョブ、そして「**どのように見られたいか？**」という社会的なジョブがありました。

これに対して、B2Bは、自社のミッションを達成すべくビジョンを掲げ、それを達成するために戦略を練り、事業計画を策定して事業活動に取り組みます。そして、自分たちで解決できない部分は、関係会社や外部の機関と協力して事業を進めていきます。

B2Bは商品を購入することをコストとして捉えた場合は、基本的には消極的なジョブです。本来は取り組みたくないけれども、外圧的な要素が強くて、取り組まざるを得ない。そのような状況においては、ある程度の仕様が満たされると、当然コストメリットを追求します。一方、Ｂ２Ｂが商品の購入を投資として捉える場合は、基本的に積極的なジョブと考えることができます。消極的なジョブと異なり、法人顧客の自主的な取り組みであり、その投資を行うことでさらにその法人顧客の収益が高まり、事業が活性化するようなジョブです。

Ｂ２Ｂにも消極的なジョブと積極的なジョブが存在するのは、最終的な経営指標の１つに収益を追求しなければならないことがあります。収益は売上とコストの差分です。売上が向上して、コストが下がることが明確にわかれば、積極的に投資を行いたいでしょう。一方、その両方につながらない場合、あるいはコストアップにつながると考える場合は、やはり消極的になり、価格面での追求が常に厳しくなるのです。

このように整理すると、Ｂ２Ｂのビジネスは法人顧客のビジネスのサポートです。昔から言われていることですが、Ｂ２Ｂは売上を増やしてコストを減らすことで収益を上げることがジョブになります。Ｂ２Ｂのジョブは法人顧客の利益の追求にほかなりません。

当然、前記の利益以外に購入する商品が法人顧客の指定する仕様に合致していること、規制を遵守していること、倫理基準に従っていることなどの最低限の機能的な目的は無視することはできません。

4 コモディティ化の波に対応

B2Bのジョブは利益の追求です。そのため「機能的なジョブ」としての要素が強く、法人顧客の利益に貢献すること、法人顧客の要求仕様を満たすこと、法規制遵守や倫理基準を満たすことで、顧客に価値を提供します。しかし、近年このような価値を満たすことは必要最低条件になりつつあります。その背景はB2Bの商品にもコモディティ化が進んでいるからです。

この場合の打ち手は、法人顧客が商品を購買するプロセスにおいて、主観的な要素や、時には極めて個人的な要素をあらかじめ把握、予測しておくことが大切です。実際に、顧客が商品購買の決定における合理的な要素と感情的な要素のすべてを完全に把握することは難しいですが、購買に関する意思決定における最中だけではなく、その前後のことを継続的に調査し、観察し、情報収集することで、高い価値提案が可能になります。

法人顧客が購入を決める価値要素

米国のボストンを本拠とするコンサルティング会社であるベイン・アンド・カンパニーは、法人顧客が商品の購買に関わる意思決定を理解できるように5つの切り口で、40の基本的な価値要素を整理しています（図表9－6）。

① 必要最低限の要素

はじめの切り口は「必要最低限の要素」です。これらは先ほど紹介した項目で、法人顧客にとって容認できる価格で、指定された仕様に合っていること、法規制を遵守しつつ、金利基準も守っていることです。

② 機能的要素

2つ目の切り口は「機能的要素」です。これは伝統的なB2Bの切り口で、法人企業の収益を最大化できる要素で、売上の拡大とコスト削減の収益につながる要素に加えて、イノベーションや拡張性、製品品質という性能にフォーカスした価値要素です。

③ビジネスを行いやすくする要素

3つ目の切り口は「ビジネスを行いやすくする要素」です。たとえば、商品の利用によって法人顧客の生産性が上がれば、ビジネスはしやすくなります。時間短縮や労力の削減、手間の回避や情報の流れの見える化などが該当します。また、業務に関しても、整理整頓や業務フローの簡素化、仕事の連携や結合といった合理化に関する要素も含まれます。さらにはアクセスも大切です。原料や材料が安定的に入手可能であることや、それらを豊富な選択肢から選べることもビジネスの促進に役立ちます。

ただ、前記はどちらかと言えば定量的な切り口で、合理的な要素を含みます。これらに加えて、法人顧客との関係性も非常に重要です。B2B企業との文化の相性やコミットメントなどは、一義的に決めることも図ることも難しいですが、決め手の要素としてとても重要です。

図表9-6 B2Bにおける価値要素のピラミッド

インスピレーション要素

目的
ビジョン
希望の創出　社会的責任

個人的要素

キャリア
人脈の拡大　市場性の向上　評判の保証

私的なこと
デザインや美観　成長と自己開発　不安の軽減　楽しさや活気

ビジネスをしやすくする要素

生産性
時間の節約　労力の節約
面倒の回避　情報　透明性

業務遂行に関すること
整理・整頓　簡素化　連携　統合

アクセス
入手可能性
バラエティ
環境設定

リレーションシップ
即応性　専門知識
コミットメント　安全性　企業文化の相性

戦略的なこと
リスク低減　リーチ　柔軟性　部品の品質

機能的概要

経済
売上高の拡大　コスト削減

性能
製品の品質　拡張性　イノベーション

必要最低限の要素

仕様との合致　容認できる価格　法規制遵守　倫理基準

出所：ベイン・アンド・カンパニー

④ 個人的要素

4つ目の切り口は「個人的要素」です。不安の軽減や魅力的なデザインなどのように私的な要素だったり、市場性の向上や人脈の拡大など個人のキャリアを考慮した価値判断もなされています。ジョブのレンズを通すと、完全に感情的な目的で法人顧客の取引がされる場合もあるのです。

多額の費用を投じて、事業の売上を左右する投資の意思決定や、多数の従業員の将来を左右するかもしれない決定をしなければならない担当者は、多くの不安を抱えていることでしょう。自分の決定に対して自信が持てず、「間違っていたらどうしよう」と戸惑う期間がしばらく続くのです。

有名な企業と無名な企業が同じ交渉のテーブルに乗っているとします。無名な企業の提案が最後まで優勢で価格的にも仕様的にも魅力的なのに、最後は有名な企業が採択されることはよく観察されます。最終的な意思決定のプロセスの中で、意思決定者は失敗した状況を考えます。有名企業を選択して失敗した場合と無名企業を選択して失敗した場合。前者の場合、有名企業がとがめられますが、後者の場合は無名な企業を選択した意思決定者に責任追及がなされる可能性が考えられます。そのため、著名な企業に決定したくなるのです。

ジョブとは、「**特定の状況で顧客が成し遂げたい進歩**」ですから、B2Bでは「組織」という1つの塊を顧客と捉えずに、意思決定のプロセスの登場人物を一人ひとり整理して、それぞれの特定の状況と成し遂げたい姿を整理しながら、価値を提案することが大切なのです。「自分の意思決定は間違っていない」という感情的な要素も、「あなたの意思決定は間違っていなかった」という社会的な要素も、4つ目の切り口である「個人的要素」では重要になってくるのです。

⑤ インスピレーション要素

5つ目の切り口は、「インスピレーション要素」です。たとえば、法人顧客の市場の変化を予測して、その備えを支援することや、法人顧客が将来に希望を持てるような提案であったり、企業の社会的な責任の実現を後押しするような要素が含まれます。

B2Bで成績を上げてきた企業であれば、商品の提案ではなく、「必要最低限の要素」に加えて、収益につながる「機能的要素」を重視していたでしょう。しかし、差別化を求める企業間の争いは、関係がなさそうな部分で差が開いている可能性があります。法人顧客が総合的な顧客体験を得るのは商品のみならず、それらを軸とするあらゆるサービス、サポート、対話、コミュニケーションなどの法人顧客とB2B企業のコンタクトポイントが重要なのです。

経営者やマネジメントが難しいと感じるのは、このような部分は無形であり、定量化しにくいからです。しかし、ジョブのレンズに当てはめて、法人顧客の特定の状況をストーリーとして整理し、成し遂げたい進歩を機能に加えて、感情と社会的アプローチに分けてみる。そして、意思決定に関わる特定の個人について、前記を繰り返すことで、法人顧客の全体が見えてくるのです。

5 法人顧客の分析

B2BとB2Cの違いに、顧客の数があります。たとえば、清涼飲料水を提供している企業が国内市場と捉えた場合、その規模は人口に相当するか、その何割かが対象になる規模です。したがって数千万人の市場規模が予想されます。一方、清涼飲料水を提供している企業に対して何らかの商材を販売する企業の場合、清涼飲料水を提供するメーカーが顧客になります。この場合の規模としては100社前後で、多くても1000社は超えないだろうと予測できます。

B2Cは顧客のあたりをつける際に、ST分析（セグメンテーションとターゲティング）を行い、その切り口を様々に工夫して市場を細分化します。一方、法人顧客の場合は数がそもそも多くないので、まずは大雑把にセグメント分けします。たとえば、製造業やサービス業、卸売業といった業種で分けたり、年商や従業員数、支店の数や管理する商品点数などの規模で分けたりです。

次に、法人企業では部署や個人レベルまでを細かく見るのが特徴です。その理由は、多くの企業が組織の拡大とともに、機能を細分化しており、その部署ごとに取り組まなければいけない目的が異なってくるからです。確かに理想の組織では、顧客のジョブにフォーカスするので、機能に分けた組織の目的も同じであるはずなのですが、現実の世界では、全体最適の組織は少なく、部門最適になり、個々の組織が与えられた命題を解決する取り組みに追われています。

たとえば、経営企画は企業の利益や株価などを気にしながら仕事をしますが、生産現場の作業効率や作業動線には関心が薄いでしょう。また、広告チームは直近の製作の認知率や評価が気になるところでしょうが、総務部が強く興味を抱く従業員満足や人材管理性の向上などには関心が薄いのです（図表9－7）。

興味レベルの違いは、役職の高さや役割によっても異なります。たとえば、企業のなかで役職役割が最も高い経営者は常に会社のことを最優先して考えるでしょう。しかし、中間マネジメント、社員と役職が低くなるにつれ、個々の組織は個人のことを優先したくな

図表9-7 法人顧客のセグメントと機能部署ごとの興味事項

業種	製造業、サービス業、卸売業、小売業、……
規模	年商、従業員、支店数、管理点数、病床数、……
所在地	グローバル展開の有無、地域、都市規模、……

経営	利益、株価、売上向上、費用削減、資金繰り改善、……
開発	開発効率、アイデアの出しやすさ、……
生産	作業効率、費用低減、作業の安全性、作業の可視化、歩留改善、……
広告	商品やCMの認知率向上、広告評価の向上、ページランクの向上、……
営業	売上向上、営業効率、顧客満足、営業の情報共有、顧客情報管理、……
総務	従業員満足、管理性の向上、従業員の成長、人員確保、離職率低減、……
経理	コスト削減、作業の正確性、不正経理防止、……
情報	システムの安定性、社内満足度、……

ると思います。たとえば、企業がオフィスの引っ越しをする際、経営者は最もビジネスに影響のない正月などを選びますが、役割が低い個人からすると「正月に引っ越しなんてありえない！」となるでしょう。企業の役割レベルが高くなるに従い、個人から組織へ、組織から会社全体へと興味レベルが変化するのです。

提案する内容のリテラシー（知識レベル）によっても異なります。提案する相手のリテラシーが高い場合は、ある程度自分の思いどおりに企画したいでしょうが、低い場合、責任はとりたくないものの、B2Bにある程度提案を一任したいところでしょう。

リスクの許容度合に対しても同様に、高い

場合は野心的な大胆な取り組みに興味を示すでしょうが、低い場合は保守的で失敗を極端に嫌う行動に出ることでしょう。

このように法人企業はさらに、組織の機能的な役割によってもジョブが異なってくるし、個人の能力レベルや役割、興味のレベルやリスクの許容度によっても異なります。したがって、最終的にはさらに組織を細分化した分析が必要になります。

6 利害関係者の対立分析

ある程度、その法人に対してルート営業や過去の取引がある場合は、法人顧客の組織における利害関係を整理した営業提案は有効です。特に、B2Bが提供する商品に対して、利害関係者の中で購買に積極的、消極的と分かれる場合は、対立の構造を可視化して、それぞれの利害関係者の「特定の状況」と、その利害関係者に対して「成し遂げたい姿」を整理することで、どのようにアプローチするかが見えてきます（図表9－8）。

法人顧客H社に事業拡大の提案を行っているB2B企業のK社は、利害関係の分析を行っています。主要な利害関係者を抽出して、それぞれの利害関係者に対しての商品導入の意思決定に関する影響力、現在の賛否、提案活動が利害関係者に与えるメリット、特定の状況、そしてK社が成し遂げたい姿を整理します（図表9－9）。

図表9-8　利害関係者の分析❶

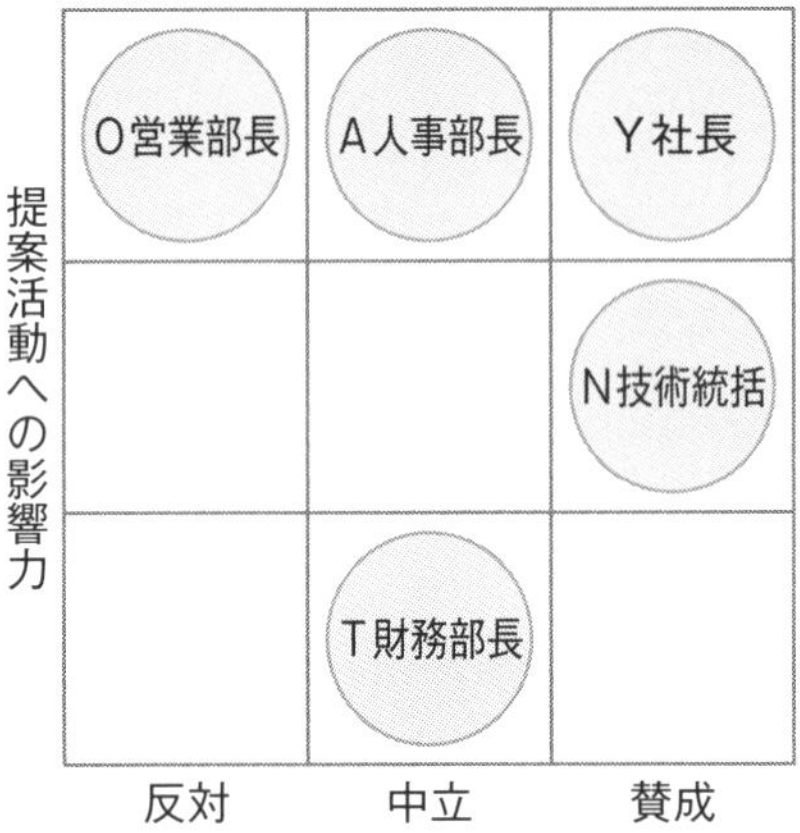

図表9-9　利害関係者の分析❷

登場人物	影響力	賛否	メリット	特定の状況	成し遂げたい姿
Y社長	高	賛成	中	事業拡大に意欲、新体制の早期確立	積極関与から見守る姿勢
O営業部長	高	反対	大	自分の生活スタイルの維持	中立的な参画
N技術統括	中	賛成	中	専門技術分野への専念と新商品開発	現状維持
A人事部長	高	中立	大	自分のポジションの維持と権限の誇示	推進を後押しする積極姿勢
T財務部長	低	中立	小	新ビジネスの定着とコストダウン	現状維持

図表9-10 利害関係者へのアプローチ方法

登場人物	特定の状況	成し遂げたい姿	アプローチ方法
Y社長	事業拡大に意欲、新体制の早期確立	積極関与から見守る姿勢	コンサルからのアプローチ
O営業部長	自分の生活スタイルの維持	中立的な参画	新規ビジネスの重要人物として取扱
N技術統括	専門技術分野への専念と新商品開発	現状維持	新規ビジネスのメッセンジャーとして起用
A人事部長	自分のポジションの維持と権限の誇示	推進を後押しする積極姿勢	新規ビジネスへの教育計画を立案いただく
T財務部長	新ビジネスの定着とコストダウン	現状維持	定期的な情報提供を実施

この分析は、H社の提案に関わる営業や企画のみならず、その提案を商品化する開発や製造など多岐にわたる機能部を横断的に集めて取り組むと効果が高くなります。それぞれの機能部は、互いに知らない間にH社と情報のやり取りを行っています。しかし、K社としてその情報を全体的に網羅的にまとめていることは稀です。したがって、法人顧客の利害関係者の分析を行う過程で情報が整理されて、提案に対して前向きな意思決定を行ってもらうためのアプローチ方法が見えてくるのです（図表9－10）。

7 意思決定のプロセス分析

B2Bビジネスでは、法人顧客が組織的に意思決定を行い、複数の利害関係者が関与するため、意思決定に時間がかかりプロセスも複雑になります。したがって、営業担当者が個人や複数のチームで提案活動をしても限界があります。そこで、法人顧客がどのような意思決定を行っているか、全体のプロセスやメカニズムを整理して、企業としての統合的なアプローチを考えることが大切です。このような分析を「**意思決定のプロセス分析**」と呼びましょう。

意思決定のプロセス分析は次の4つのステップで実施します。まずは利害関係者を整理します。次に、それぞれのジョブを明らかにしていきます。そして、法人顧客が提案商品を導入するまでの意思決定のプロセスを図示化します。ここまで準備が整ったら、最後に、

図表9-11　意思決定プロセス分析

❶利害関係者の整理
例）関連する部署のメンバーが交換した名刺を集めて整理する

❷利害関係者のジョブの整理

❸プロセスとして図示化
法人顧客が購買を検討する時期から購買するまでの一連の流れをプロセスとして可視化する

❹戦略を整理

利害関係者	氏名・役職	ジョブ
意思決定者	●	
情報提供者	■	
購　買　者	△	
使　用　者	○	

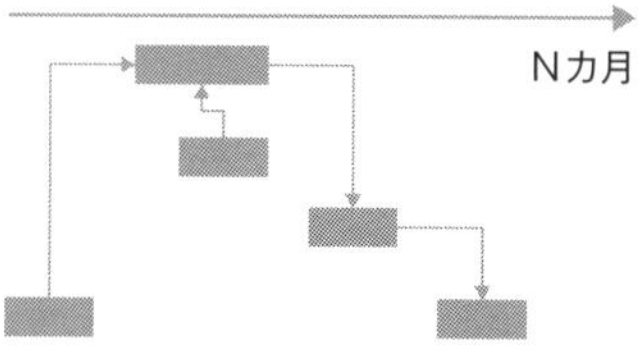

B2B企業として、その法人顧客にどのようにアプローチするかの戦略を整理します（図表9－11）。

①利害関係者の整理

法人顧客が商品購買を決定するまでに登場する利害関係者を洗い出します。利害関係者が増え、複雑になるほどビジネスは難しくなります。利害関係者は、次の4つに分けて分析します。「意思決定者」「情報提供者」「購買者」そして「使用者」です。

意思決定者は、最終的な商品の購買に責任を持つ人です。通常は社長や事業部長が相当します。組織の規模が大きい場合は、部長が

図表9-12　利害関係者の４つの分類

意思決定者	最終的な意思決定を行う人
情報提供者	意思決定者に影響を与える人（組織の内部の場合、外部の場合がある）
購　買　者	実際にその商品の購買において支払をする人
使　用　者	実際にその商品を使用する人

実質的な決定権を持ち、社長は形式的に決裁の承認を行う場合もあれば、すべての意思決定権を社長が握っている場合もあります。

情報提供者は、意思決定者に影響を与える人です。技術的な商品であれば開発責任者や製造責任者などが該当します。また、外部のコンサルタントがこの役割を担う場合もあります。

購買者は、実際の購買を進める人です。部門がまたがる場合は、購買部長の場合もあれば、総務部長であったり、各部門の予算を持つ責任者であったりします。購買する金額や時期、提案の内容によって異なります。

使用者は、実際にその商品が導入されたら使用するユーザーです。それぞれの利害関係者は1人の場合もあれば複数人いる場合もあります。また、組織の規模によっては、役割が重複する場合もあります（図表9－12）。

②利害関係者のジョブを整理

法人企業のジョブは、「コモディティ化の波に対応」で見たように、機能的な側面、感情的な側面、社会的な側面が考えられます。また、組織の役割が高い場合は、企業戦略や事業戦略の実行に結びつくジョブが多く、管理職、現場に行くほど個人的な都合がジョブとなる場合があります。そのため、ジョブを整理する場合は、それぞれの利害関係者に直接アプローチしている社員の声を中心に抽出して、多方面から分析していきます。

③プロセスとして図示化

法人顧客が購買を検討する前後のプロセスをできる限り正確に図示化します。使用者から何らかの要望が意思決定者や購買者に伝わることもあれば、スタートが意思決定者の場合もあります。どこがキーパーソンで、購買活動のスタートがどの利害関係者かを特定することで、提案営業の初動が規定されます。

通常の法人活動は担当企業や担当エリアが決まっているため、長期間かけて利害関係者との関係構築から、ジョブの把握、意思決定のプロセス分析を継続的に行います。使用者が商品を導入したいけれども、彼らは意思決定者に対して、その導入の合理的なメリットを説明できない場合もあります。この場合のジョブは、意思決定者が納得するような法人顧客のメリットを説明して担当者が選定会議で発表する際の資料や説明の仕方をフォローすることが法人営業の商品となるのです。

情報提供者のジョブは、技術面で導入を補佐することです。彼らのジョブの解決のため法人営業の担当者は他社の事例や法人顧客のスペックに合わせたシミュレーションなどを商品として提供します。

④戦略を整理

利害関係者とそれぞれのジョブ、そして法人顧客の組織が意思決定するまでのプロセスを可視化することができれば、どのタイミングでB2B企業は法人顧客に何を提供すると良いかが明確になります。また、同じような提案活動を行っている場合は、プロセスのどこがボトルネックとなり、次に進まなかったのかの検証活動も可能です。

8 M&Aとジョブ理論

事業戦略を実現する選択肢の1つにM&Aを活用する企業が増えています。企業の多くが成長戦略を掲げており、国内市場が成熟して低迷している今、これまでの延長で市場を拡大するには限界があります。そこで、新たな成長を獲得するためには、同業者のシェアを奪うか、異業種に進出するか、海外市場に進出するかの選択肢が自ずと出てきます。

企業のジョブが利益の追求である意味は、長期間をかけて自社が掲げているミッションを追求する目的があるからです。ただ、ミッションは抽象度が高く、かなりの時間をかけても到達しない壮大なゴールです。そこで、ミッションを実現するための直近の企業の像をビジョンに落とし込みます。それをもとに、直近数年間にどのような方針で事業を行うかを戦略として整理して日常の事業活動を行います。

通常、ありたい姿と現状には何らかのギャップが存在します。企業は自社の強みや弱みを把握しながら、ビジネスチャンスと脅威を考慮してギャップを埋める方法を考え、複数の戦略オプションを議論します。戦略が明確になった後、今度はその実現のシミュレーションを行います。すると、自分たちですべて実現させるためにはノウハウや技術、人的資源や販売チャネルなど、一部あるいはすべてが不足して実現できない場合や、実現することはできるけれども想定より時間がかかりすぎる場合があります。

M&Aは前記のようにギャップを埋める目的か、時間を短縮するという大きな2つの目的があります。そして、この2つは企業がM&Aを考える際の明確なジョブと位置づけることができます。このように文章で表現すると当たり前のようですが、実際にM&Aを検討している多くの企業が自社のM&Aの目的を整理していない場合が多いのです（図表9－13）。

M&Aアドバイザーの会社には、「自社もM&Aを検討しているので、良い案件があれば紹介してほしい」という問い合わせが頻繁にきます。しかし、その問い合わせ企業の多くは自社の戦略が不明確なので、M&Aのジョブが何になるのかを整理できていません。M&Aアドバイザーがそのような戦略が不明確な企業に案件を紹介しても、その企業は紹介

図表9-13　戦略立案の大きな流れ

方針 → 環境分析 → ギャップ → 戦略オプション（ギャップから方針へ戻る矢印）

方針	環境分析	ギャップ	戦略オプション
大きな方針の確認 •ミッション •ビジョン 短期的な売上目標 長期的な売上目標 その他方向性	マクロ環境 PEST ミクロ環境 市場分析、顧客分析 競合分析、自社分析 過去、現在、将来 前提の確認	現状と目標のギャップを確認 大きなギャップを認識する。次にそのギャップを細かく分析して方向性を議論する。	環境分析からビジネスのチャンスを掴み、自社の強みと弱みを整理する 考えられるオプションを検討する

ギャップを自力で埋めることができない、あるいは時間がかかる場合、経済性を考慮してM&Aを検討

した案件の評価ができないのです。M&Aにおいては、買い手企業の戦略オプションを満たすことができれば良い案件ですし、満たすことができなければ悪い案件になります。そういう意味ではM&Aは戦術で、先に戦略があるべきなのです（図表9－14）。

　ジョブ理論のレンズを通すと、M&A自体は、買い手企業にとってビッグハイアそのものです。買い手企業のジョブは戦略の実現であり、ノウハウ取得が目的か、時間を買うことが目的だからです。そのため、M&Aはゴールではなく、スタートになります。このことを理解している買い手企業は、M&A実行の最中、基本合意契約を締結する前後から、買収企業との統合作業（PMI）に向けて準備

図表9-14　M&Aにおけるビッグハイアとリトルハイア

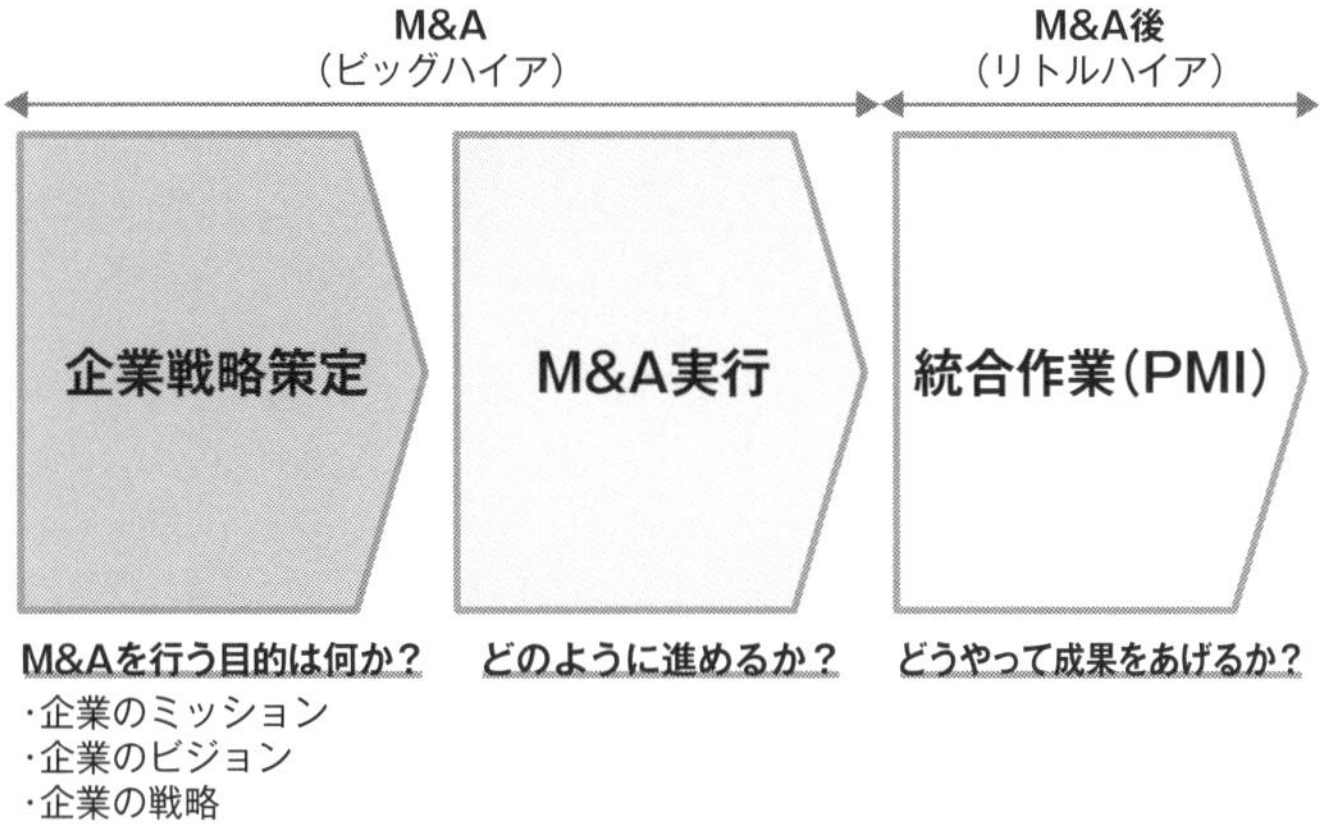

を開始します。そして、最終譲渡契約書の調印からクロージングした瞬間に、M&Aの統合作業を始めます。通常はその後、3カ月から遅くとも半年以内には統合作業を完結してM&Aのシナジーを出す状況を整えるのです。「M&AはPMIで失敗する」という表現をよく耳にしますが、それはリトルハイアを無視していて、そもそもM&Aのジョブを考慮していないだけなのです。

戦略立案の大きな流れの中で、現状と目標のギャップにノウハウが不足している、あるいは自社で達成することは可能だが想定よりも時間がかかる場合は、M&A戦略を再度練っていきます。ジョブ理論のレンズを通すと、前記2つの「ギャップを埋める」ことと「時間を短縮する」ことは、買い手企業にとってM&Aのジョブそのものです。

M&A戦略の最初のステップは、「欲しい事業のペルソナの作成」です。ニッチな業界や産業であれば、買収候補先の実名をリストアップすることも可能です。しかし、ある程度業界規模が大きく、競合する企業や業種が多数存在する場合は、候補先を絞る基準がなければ、検討作業だけでもかなりの労力になります。

M&Aは戦略ギャップを埋める目的で行うため、案件選定のためにも、規模や売上などの条件、進出したいエリアや立地条件、買収によって補いたい機能や技術・ノウハウ、そして欲しい商品がある場合は、製品やサービスなどを整理しておきます。また、人材獲得が目的（アクイ・ハイヤー）であれば、獲得したい人材要件やスペックをあらかじめ整理しておきます。

次に重要なことは「統合後のシミュレーション」の実施です。M&Aは買い手企業にとってはビッグハイアです。したがって、M&Aの成約はスタートであり、その後の統合作業において、買収金額よりも高い価値を出して初めて成功と言えます。そのため、リトルハイアの準備として、統合後のシミュレーションを実施しておくのです（図表9－15）。

欲しい事業のペルソナを作成することは、該当する事業や企業のリストアップを容易に

図表9-15　M&A戦略の流れ

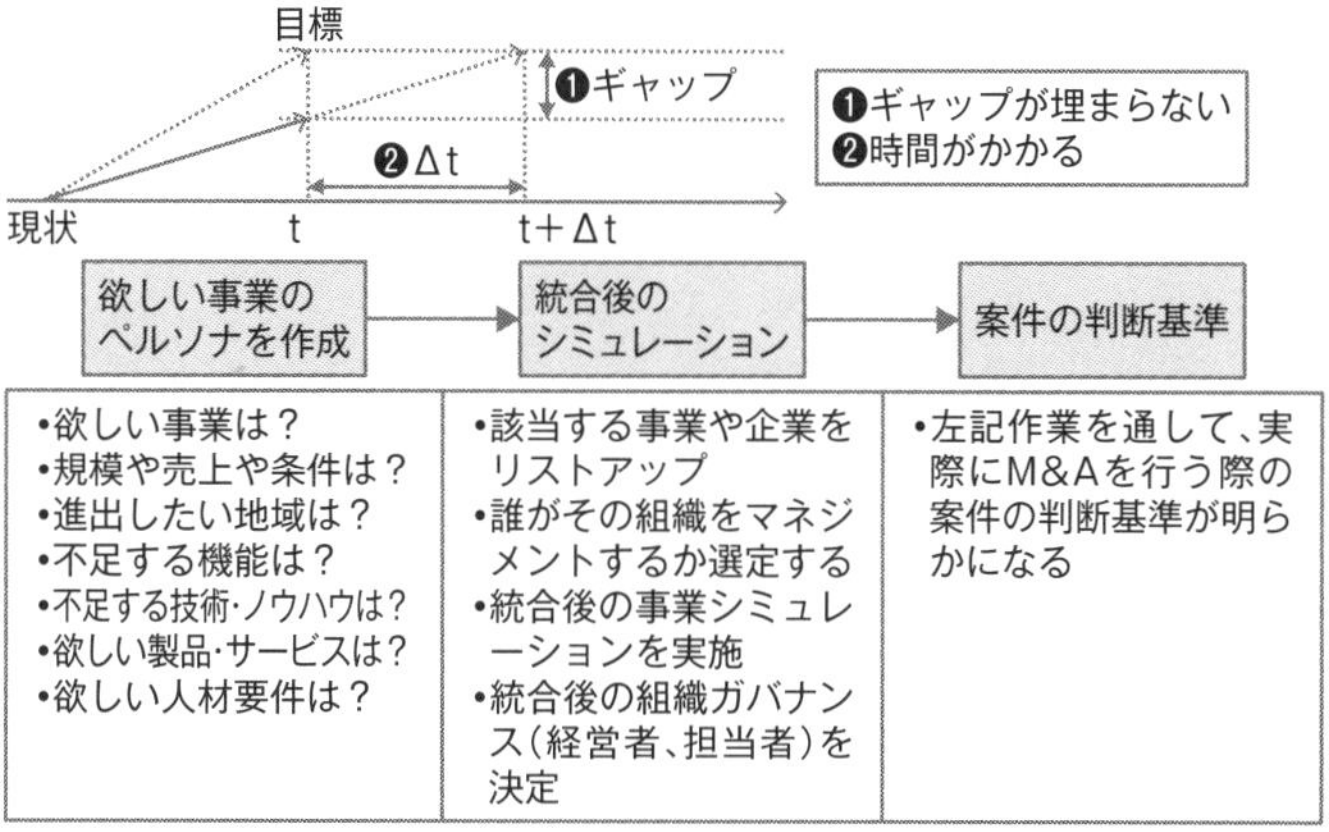
目標
❶ギャップ
❷Δt
現状
t
t+Δt
❶ギャップが埋まらない
❷時間がかかる
欲しい事業のペルソナを作成
統合後のシミュレーション
案件の判断基準
•欲しい事業は？
•規模や売上や条件は？
•進出したい地域は？
•不足する機能は？
•不足する技術・ノウハウは？
•欲しい製品・サービスは？
•欲しい人材要件は？
•該当する事業や企業をリストアップ
•誰がその組織をマネジメントするか選定する
•統合後の事業シミュレーションを実施
•統合後の組織ガバナンス（経営者、担当者）を決定
•左記作業を通して、実際にM&Aを行う際の案件の判断基準が明らかになる

図表9-16　M&A戦略

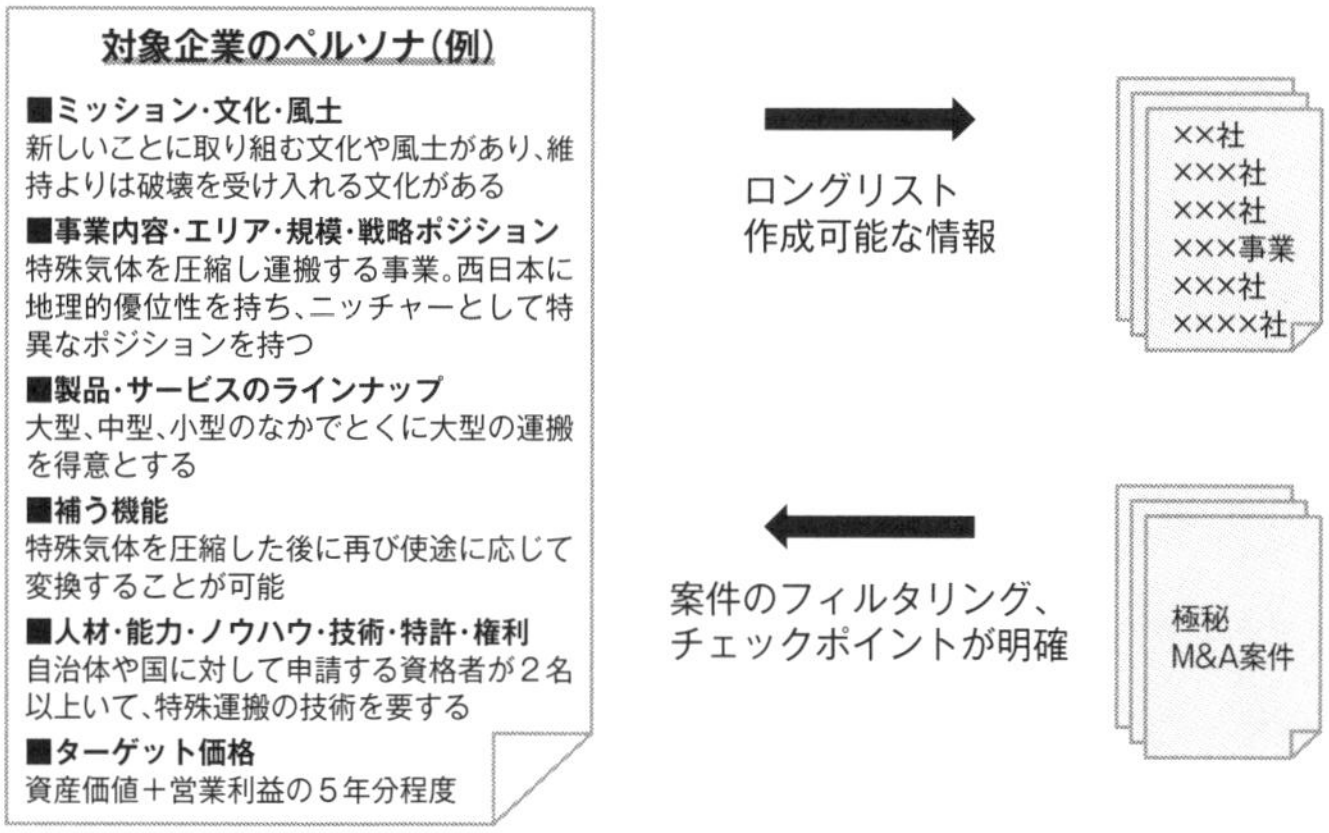
対象企業のペルソナ（例）
■ミッション・文化・風土
新しいことに取り組む文化や風土があり、維持よりは破壊を受け入れる文化がある
■事業内容・エリア・規模・戦略ポジション
特殊気体を圧縮し運搬する事業。西日本に地理的優位性を持ち、ニッチャーとして特異なポジションを持つ
■製品・サービスのラインナップ
大型、中型、小型のなかでとくに大型の運搬を得意とする
■補う機能
特殊気体を圧縮した後に再び使途に応じて変換することが可能
■人材・能力・ノウハウ・技術・特許・権利
自治体や国に対して申請する資格者が２名以上いて、特殊運搬の技術を要する
■ターゲット価格
資産価値＋営業利益の５年分程度
ロングリスト作成可能な情報
××社
×××社
×××社
×××事業
×××社
××××社
案件のフィルタリング、チェックポイントが明確
極秘
M&A案件

します。仮に条件に合致する案件を見つけ、M&Aすることができたとしたら、誰がその組織をマネジメントするのかも事前に選定しておきます。そして、M&Aを実施する前から、そのマネジメントとともに統合後の事業シミュレーションを行っておくのです。同時に、どのように組織を統合していくかのシミュレーションも行います。これらの取り組みにより、実際に案件情報が飛び込んできても慌てることなく、案件の判断を自社にとって合理的に行うことができるのです（図表9－16）。

9 企業会計とジョブ理論

ビッグハイアとリトルハイアは、企業会計の考え方にも影響を及ぼしています。たとえば、経営陣から「業績を悪化させないように投資を抑えて売上をつくることに専念しなさい」とか、「借金をしていないから健全な経営です」とか、「今期は減益になりそうなので、当面人材育成のコストをカットします」といった指示が聞こえてきたら注意が必要です。

期末ごとの損益計算書の内容を気にするあまり、本来長期的な思考で取り組むべき人材育成や市場に認知させるための取り組み、将来のキャッシュフローを最大化するための取り組みを中止して、目先の利益の追求に躍起になっている状況を感じ取れるからです。

売上や利益を最大化することはもちろん大切ですが、一方で損益計算書の内容はあくまでも一定期間内の業績の結果を示しているにすぎません。これはジョブ理論で言うところのビッグハイアにフォーカスしすぎていて、長期的な企業価値を向上させる取り組みに相当するリトルハイアをないがしろにしている取り組みと考えることができます。

ビッグハイアにばかりフォーカスすると、期末に数字をつくるために商品を値下げして、翌年の売上を前倒しして数字をつくることなどが当たり前になります。本来は、リトルハイアにフォーカスして、そもそもそのような期末に商品が売れ残る状況にメスを入れて、本書で示すような顧客のジョブの再定義に取り組まなければ、根本的には何の解決もありません。企業会計においてもビッグハイアにフォーカスした動きが観察できるのです。

本来、企業会計の目的は自社の企業価値の最大化です。そのために長期的な視点で事業や財務活動に鑑み、総合的に戦略を立てて考えなければなりません。商品の購買後フォローを怠らないのと同様、企業は短期的な目先の数字を調整する目的で会計をつけても意味がありません。購買後フォローのように、継続的に事業の価値を見出して、継続的に企業価値を上げる取り組みを企業会計からも進めていくことが大切です。

ジョブ理論は、現在の極端な焼き畑農業的な、その場しのぎの取り組みにメスを入れる考え方のヒントを提供してくれます。

10 Ｂ２Ｂの事例

Ｂ２Ｂビジネスとして成功している企業は、法人顧客のジョブを細分化して、それらを解決するため、組織として取り組んでいます。さらに、常に顧客のジョブを認識して、適宜自分たちの行動をブラッシュアップしています。

法人顧客のジョブが利益の追求であれば、その追求に応じた提案をすることで、高い価格であっても法人顧客は契約に至るでしょう。また、法人顧客の購買はビッグハイアなので、法人顧客にとってはスタートです。法人顧客は商品を使用する過程で自社のビジネスを解決していきます。そのため、Ｂ２Ｂの成功のポイントは、ビッグハイアに加えて、常にリトルハイアにもフォーカスし、そこから新たなジョブの提案や継続的な商品提供を繰り返すことです。

以下、B2Bの事例としてキーエンスとオプティムを紹介します。キーエンスは、顧客のジョブの発見と提案を営業コンサルタントが担い、さらにそのフォローも徹底的に営業コンサルタントが行います。営業はコンサルティングと同じ機能を顧客に提供し、キーエンス内部の組織は、法人顧客のジョブの解決を最大化する工夫を随所に取り入れて成長を遂げています。

オプティムは第4次産業革命の到来に向けてITエンジニアや技術者のジョブを解決することに集中しています。そして、そのジョブは継続的に発生するためリトルハイアにフォーカスし、連続したサービス展開をすることで、自分たちもビジネスを加速させています。

キーエンス

キーエンスは大阪市に本社を置く自動制御機器、計測機器、情報機器、光学顕微鏡・電子顕微鏡などの開発及び製造販売を行う企業です。海外売上比率は5割を超え、世界45カ国、200拠点で事業を展開しています。

株式市場での時価総額は7・2兆円と関西企業でもダントツのトップで2位の任天堂の

時価総額5・3兆円を考えるとそのすごさがわかります。キーエンスは自社で工場を持たないファブレス企業で、売上高営業利益率は6割に迫ります。ファナックなどのファクトリーオートメーション（FA）関連企業のそれが高くても30％程度であることを考えると、営業利益率の高さも顕著です。

キーエンスの強さの秘訣は、営業（コンサルティング営業）です。同業者の多くは、コンタクトポイントである営業を外注したり、代理店に任せたりしていますが、キーエンスは直接販売を行い、約20万社の取引先と常に接触できる仕組みを構築しています。営業は、コンサルタントの役割を担い、自動車や電機など様々な業界の工場に頻繁に出入りして、キーエンスの開発現場と法人顧客のジョブを常に共有しています。

営業は、法人顧客を定期的に訪問し、顧客と適宜状況を共有します。また、工場の観察を通じて、顧客が気づいていない課題を発見します。そして、その解決策を営業が直接、法人顧客に企画提案します。それらの解決が既存品で対応できる場合は、協力会社に製造委託して商品をつくります。営業は常に現場を観察しながら法人顧客に企画提案しているため、商品の精緻な需要予測が可能です。商品の需要予測は直販体制をとることで常に先の需要までを予測でき、豊富な手元資金を原資に生産委託会社には現金決済を採用します。生産委託先は営業と情報を随時共有しており、正確な需要予測に基づき生産体制の準備をしています。また、現金支払という仕組みのおかげで短納期対応を実現します。

一方、新製品が必要な場合は、営業ニーズカードを用いて顧客の声を営業が商品企画に伝えます。商品企画は、これらをベースに法人顧客のジョブを解決でき、さらに高い付加価値を提供できる製品に特化して企画を進めます。たとえば、法人顧客の製造においてボトルネックがあったとします。その解消をすることができれば1億円の売上増が見込めるのであれば、顧客は1000万円以上の製品でも購入するという理屈です。新製品を提供する場合は、商品企画でこのバリュープライシングの発想を持ち企画を進めています。

それから開発の段階では、できるだけ法人顧客の声を集め標準化を徹底します。製品の試作や製造プロセスの開発は生産子会社が行い、協力会社へ製造委託する際の製造ノウハウを確立します（図表9－17）。

キーエンスは、営業が高給取りということで話題になります。確かに、営業に高いハードルを課し、稼いだ利益を個人の評価に直結する評価システムを導入しています。しかし、その本質は法人顧客のジョブを解決する営業力とその仕組みです。通常の企業は研究、企画、開発に資源を集中して、代理店や販社を経由して商品を法人顧客に届けます。したが

図表9-17　キーエンスのビジネスモデル

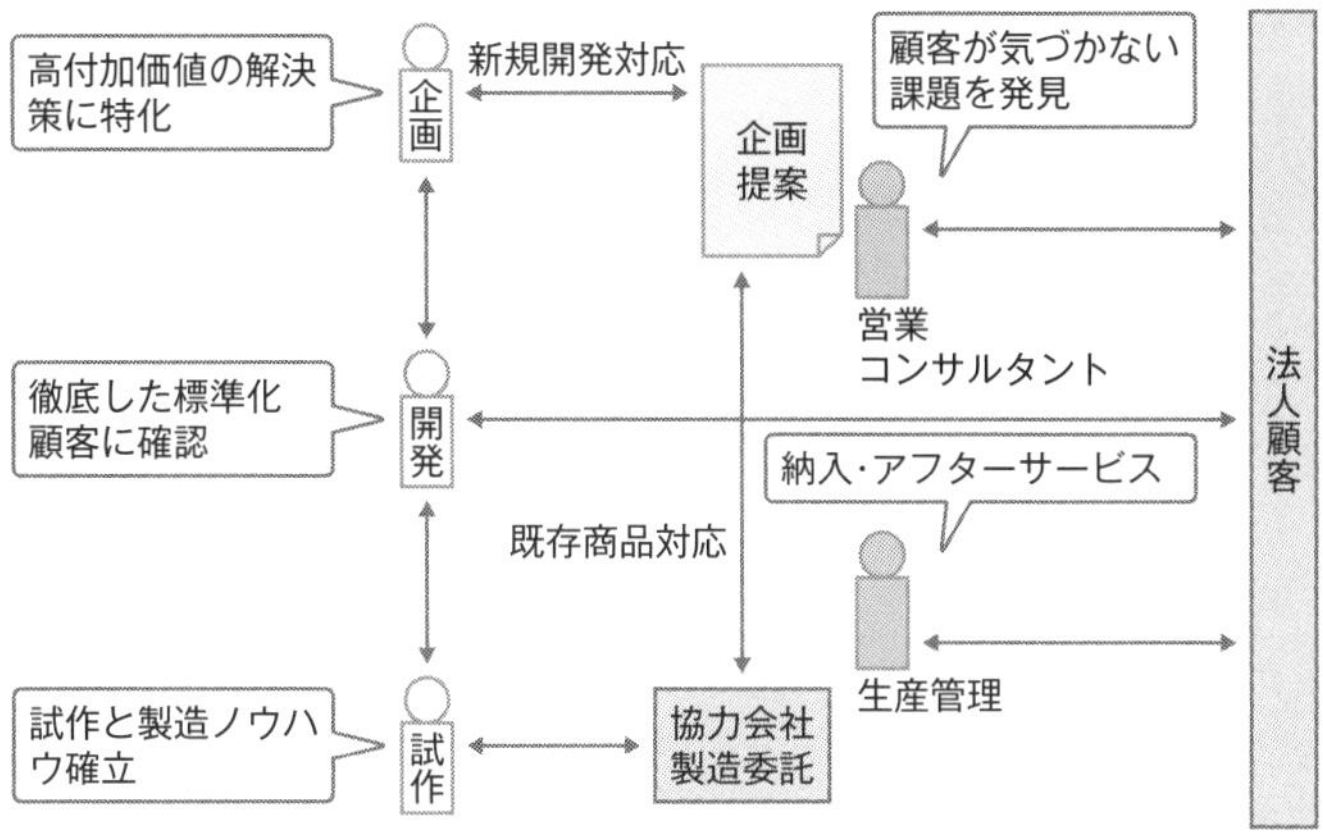

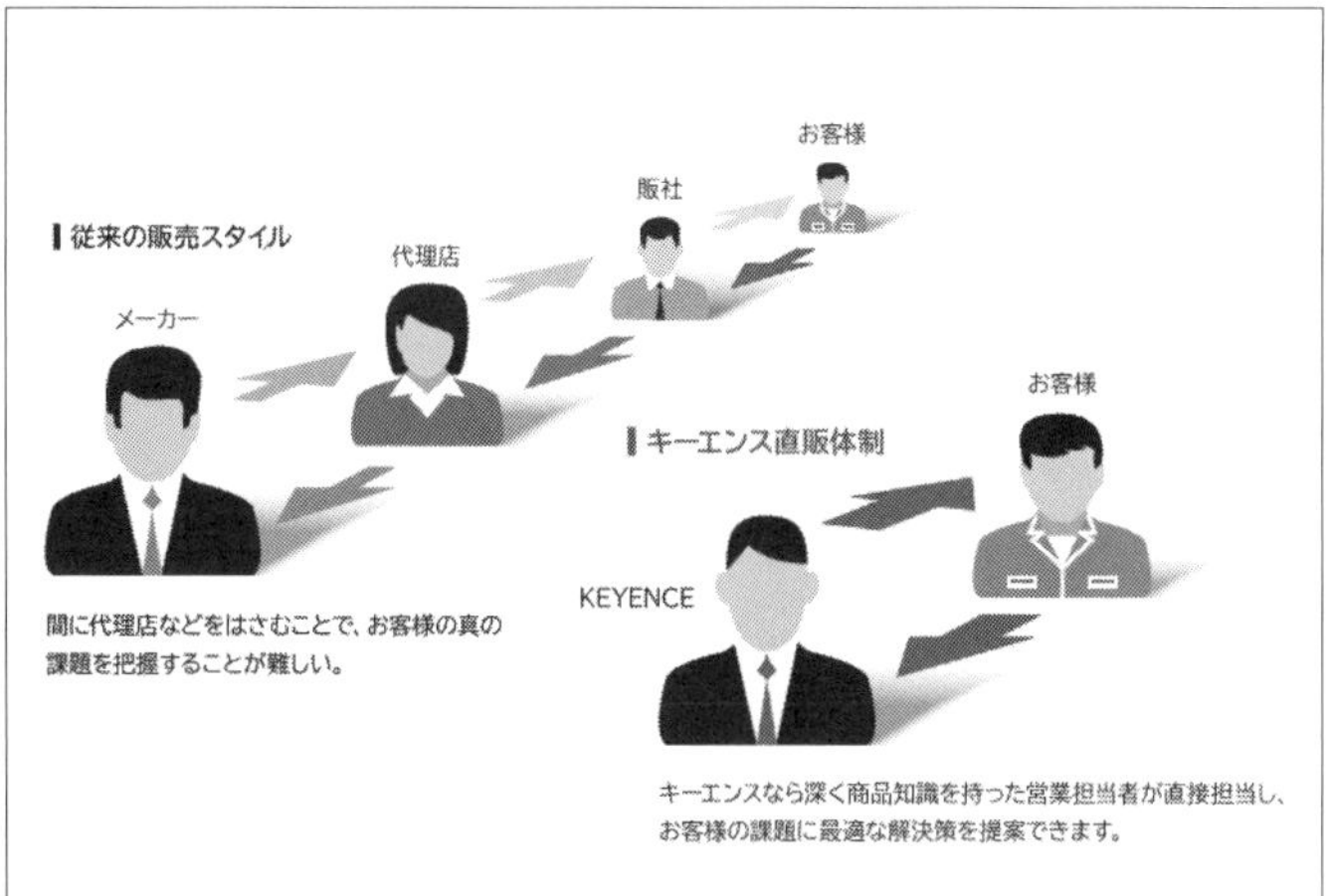

出所：キーエンス ウエブサイト

って、メーカーと法人顧客の距離が遠く、法人顧客が抱えているジョブをくみ取りにくいという欠点があります。しかし、キーエンスは全世界に拠点を置き、代理店を介さない直販体制によって法人顧客との距離を縮め、ジョブの発見と解決に集中する仕組みを構築しています。

専門知識を有する営業がモノづくりの現場に足を運び、生産現場から悩みを聞き、また時には現場を観察することで隠れたジョブを視覚化、言語化して、ジョブの解決に努めています。さらにキーエンスは、リトルハイアの重要性を理解しています。営業は、納品や集金は一切せず、アフターサービスに注力して製品の使用におけるジョブの提供と継続的な発見というサイクルを確立しているのです。

オプティム

オプティムは東京都港区に本社を置き、佐賀市に本店を置くコンピュータ・ソフトウェアの会社です。システム開発・販売などを主要事業として2000年に創立された企業です。設立当時はデジタル放送向け配信サポート技術開発、インターネット広告配信を中心とした事業を展開します。2006年頃より、ルーター設定の自動化ツールやリモートサポート技術を中心とする研究開発に資源を集中して、2011年にそれらの技術を応用するソフトウェア開発をはじめています。

オプティムのミッションは「ネットを空気に変える」です。生活インフラと化したインターネットがいまだに利用する際にITリテラシーを必要とする現状を変革し、インターネットそのものを空気のように、まったく意識することなく使いこなせる存在に変えていくという想いが根底にあります。それらを実現するために、同社は「オプティマル事業」という造語をつくり、IoT（モノのインターネット）プラットフォームサービス、リモートマネジメントサービス、サポートサービス、その他のサービスと4つのサービスに区分して事業を展開しています。

オプティムは第4次産業革命によって各業界の「モノのつくり方」や「サービスの届け方」の変革を夢中で空想して、そこに発生するジョブを捉え、解決策を提供することに邁進しています。18世紀後半に第1次産業革命が起き、工場制機械工業により産業と社会は変化しました。19世紀は石油と電力の活用で第2次産業革命に至り、大量生産大量輸送の幕開けとなりました。そしてITの発展と自動化などで産業構造が変化する現在は第3次

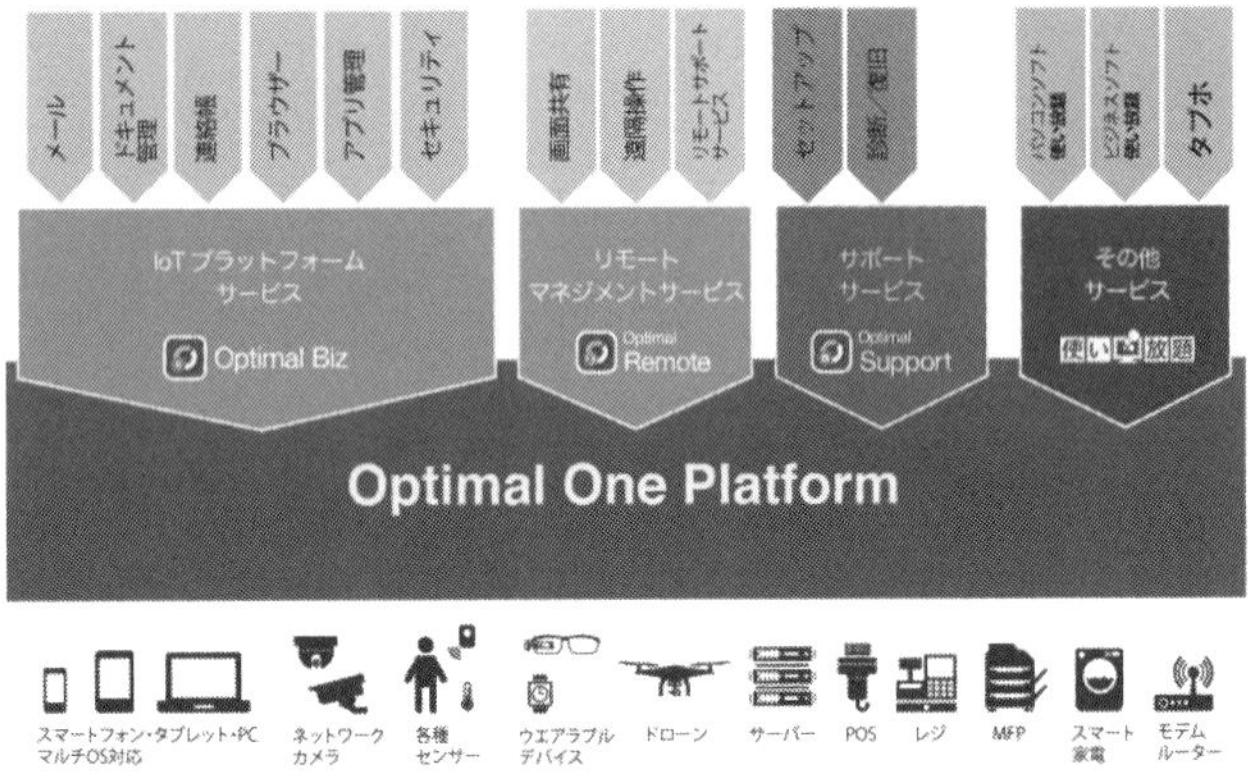

出所：オプティム ウエブサイト

産業革命と定義されます。オプティムが展開するビジネスは第4次産業革命です。IoTによって、すべてのモノがインターネットにつながる世界では、たとえば工場内外のモノがネットワークでつながり、人工知能（AI）が生産を最適化させます。需要と供給のバランスに鑑みながら、機械が自律的に効率的な生産と販売ルートを割り出して実行します。そんな世界が2025年以降にやってくるという予想があります。

スマートフォンやタブレット、PCなどを購入してインターネットに接続する際、様々な設定をした経験があると思います。モノがインターネットにつながるということは、様々な機器をネットワークに接続する際にその設定作業が必要になります。

当然、企業が各種ネットワーク機器を導入してビジネスを構築する場合は、ＩＴ管理部門やエンジニアが初期設定や機器の管理などを手作業で行っていました。ＩｏＴの普及とは、様々なモノがインターネットに接続されることを意味しますので、その接続される機器の数だけ設定やメンテナンス作業が発生することになります。たとえば、２００９年に一人1台のスマートデバイスを持っていたとしたら、ネットワークに接続している機器は世界で70億台になります。これがＩｏＴの普及によって２０２０年には1兆台を超える機器がネットワークに接続されるという予測があります。

オプティムはあらゆる機器がネットワークに接続される際の設定や管理に関わるジョブをまさに一括で対応できるサービスを提供しています。これがＩｏＴプラットフォームサービスです。ＷｉＦｉの設定やＶＰＮの設定、ＯＳのアップデートの設定やセキュリティの設定。モノがインターネットに接続されると1つひとつは簡単でも膨大な量になれば現場の手がいくらあっても足りません。オプティムは第4次産業革命の裏方に発生するジョブを解決するのです。

さらに、インターネットに一度設定されると、それらの機器は継続的に使用され個人や企業の問題を解決し続けます。当然、その機器が正常に作動しているかなどを定期的に管理する必要があります。リトルハイアにおいてもオプティムはサービスを提供しています。それがリモートマネジメントサービスです。リモートテクノロジーを駆使して、あらゆる個人や企業に対して、そのときに必要な体験（知識、ノウハウ、情報）を遠隔で共有する仕組みを構築し、ＩＴ機器の遠隔サポートを提供しています。

３つ目のサポートサービスも、リトルハイアにフォーカスしたサービスです。ネットワーク上にあるスマートフォン、タブレット、ＰＣ、ルーター、各種機器のトラブルを自動的に検知して修復することで、実際に機器を使うユーザーと、機器を提供して何らかのビジネスを展開している法人の双方に価値を提供しています。

オプティムは、第４次産業革命によって、膨大な設定業務や監視業務が発生するＩＴ現場のジョブを捉え、その後に継続的に発生するリトルハイアのソリューションも含めて提供している企業なのです。

第10章

ジョブ理論を実践するフレームワーク

1 概論

ジョブの定義は、「**特定の状況で顧客が成し遂げたい進歩**」です。まずは「顧客」を特定し、次にその「顧客」の「特定の状況」と「成し遂げたい進歩」を整理することでジョブを定義します。

顧客の中に解決したいジョブがある場合、すでに別のジョブを雇っている可能性があります。たとえ新たなジョブの解決方法を提供しても、それらが「障害」となり、新たなジョブを雇用してもらえない場合があります。また、ジョブの解決に対して、何らかの理由で、無消費を選択している場合もあります。この場合、無消費自体がジョブ雇用の「障害」になっており、「特定の状況」を分析する際に、合わせて認識していくことが大切です。

ジョブスペックはジョブの解決策を提供する際に、「どの程度」「何を重視するか」につ

図表10-1 ジョブ理論のフレームワーク

顧客（ペルソナ）		
成し遂げたい進歩（機能）	成し遂げたい進歩（感情）	成し遂げたい進歩（社会）
障害	ジョブとジョブスペック	解決策
特定の状況（前）	特定の状況（最中）	特定の状況（後）

いて定性的表現を中心に記述します。このように、ジョブとその解決策をまとめることで、ジョブ理論を体系的に整理することができます。ジョブ理論のフレームワークを整理するために、「ミルクシェイクのジレンマ」の事例を使ってあらためて考えてみます（図表10－1）。

顧客を特定する（ペルソナ）

新規事業での取り組みは、顧客のあたりがついていない状況です。その場合は、事業環境の理解を深める目的で、マクロ環境分析とミクロ環境分析を行います。ビジネスチャンスを見出し、ある程度市場を絞り込み、新規事業の顧客のあたりをつけていきます。

既存事業での取り組みは、すでに何らかの商品（製品・サービス）を提供しています。この場合、顧客のジョブを発見するために、コンタクトポイントの分析やバリューチェーンの分析、購買顧客の分析や非顧客の分析を行います。そこで顧客のあたりをつけて、インタビューや行動観察を繰り返し実施します。前記の取り組みを行うことで得られたデータをデータソースとして活用し、ペルソナの特定を行います。ペルソナは1体の場合もあれば、複数体存在する場合もあります。

以下は、「ミルクシェイクのジレンマ」の事例におけるペルソナを簡単に整理した例です。

【ペルソナ】

郊外から車で30分から1時間かけて通勤するビジネスパーソン。通勤時間が少し無駄だと思いながらも、都市部よりは郊外での生活が家族との時間を豊かに過ごせると感じている。年収は通常のビジネスパーソンと同様だが、お金の使い方に対してはある程度のこだわりがあり、メリハリのある消費を行っている。

特定の状況（前・最中・後）

ジョブ理論では、顧客が商品を購入するタイミングをビッグハイア（大きな雇用）と呼び、顧客が商品を購入した後に実際に使用するタイミングをリトルハイア（小さな雇用）と呼んでいます。企業はビッグハイアに集中するため、顧客が実際にジョブを解決するリトルハイアにフォーカスしていない場合が多いです。

そこで、顧客の特定の状況を整理する際は、ある特定の瞬間にフォーカスするのではなく、その瞬間の前後の状況までを詳しく分析することが大切です。たとえば、顧客が製品の購入をする、あるいはサービスの利用をしている状況を分析する際は、必ずその前後の状況に分けて観察します。特定の状況に対して前、最中、後の3点セットで見ていくのです。

以下、「ミルクシェイクのジレンマ」の事例で特定の状況を分析した例です。

【特定の状況（前・最中・後）】
郊外の自宅から出社するまでにミルクシェイクを購入して消費する。
（購買前）

朝9時前に来店して1人でミルクシェイクを買い求める。郊外から毎日40分かけて通勤している。基本的に平日は同じ時間帯に行動することが多い。

（購買中）

ドライブスルー、あるいは店頭でミルクシェイクのみを購入して、そのまま車で目的地に向かう。

（購買後）

通勤中の退屈な運転時間を紛らわせたいと思っている。一方で、2時間もしないうちに空腹感と戦うことも知っている。会社に着いたら集中して昼までは休みを取らずに仕事を片づけたい。

成し遂げたい進歩

顧客が成し遂げたい進歩（目的）には大きく3種類あります。「**機能的ジョブ**」「**感情的ジョブ**」、そして「**社会的ジョブ**」です。機能的ジョブは、単純にその機能を得たいというジョブで「どのように成し遂げたいか？」が重要です。感情的ジョブは、ジョブを片づける際に、顧客が個人的に感じたいことや感じたくないことです。したがって、「どのように感じたいか？」が重要です。社会的ジョブは、ジョブを片づける際に、顧客が第三者から思われたいことや思われたくないことです。ここでは「どのように見られたいか？」が重要です。

以下、「ミルクシェイクのジレンマ」事例における顧客の成し遂げたい進歩を分析した例です。


【成し遂げたい進歩】

（機能的）

「仕事先まで長く退屈な運転をしなければならない」「退屈をしのぎたい」

（感情的）

「できれば体に良いものがいいが、代替案がなく、まずは機能を優先」

（社会的）

「実は毎朝ファーストフードでミルクシェイクを買っていることを知られたくないかもしれない。しかし、合理的な代替案がなく、まずは機能を優先」

障害

顧客の中で解決したいジョブがあっても、すでに別のジョブを雇っており、すぐには解雇（ファイア）できない場合もあります。通常、顧客のジョブを発見して、顧客にそのジョブの解決策を提示しても、すんなりと雇用してくれるとは限りません。顧客が何らかの理由で雇用できないからです。これらを「障害」として整理します。

まずは購買プロセスを観察して、障害となる要素を分析します。中には、ジョブを認識しているにもかかわらず、無消費を選択している場合もあります。その場合は、なぜそのような選択をしたかを整理します。

ジョブの解決が革新的な場合、イノベーターは進んで雇用しますが、アーリーマジョリティ以降は雇用するのにためらいを感じています。このとき、機能的側面に加えて、顧客の感情的、社会的側面を合わせて分析して、どのような障害があるのかを特定していきます。

以下、「ミルクシェイクのジレンマ」の事例で障害を分析した例です。

【障害】

運転しながら食べるものは多数ある。しかし、多くは手が汚れてベトベトになり、その手でハンドルを握ると気持ちが悪い。また、食べかすがボロボロこぼれて車内が汚れてしまうのも塩梅が悪い。飲料に至っては、こぼしたときの始末がなおさら悪い。

ジョブとジョブスペック

ジョブの定義は、「**特定の状況で顧客が成し遂げたい進歩**」です。ミルクシェイクの事例では、ジョブを次のように定性的に表現することができます。


【ジョブの定義】

(通勤時間の退屈な運転)で(自動車通勤する人)は(退屈せずに、ある程度お腹も満たす)ということを解決したい。

(休日、朝から夕方まで子どもと過ごしている状況)で(子どもの世話をする父親)は(優しい父親の気分を味わう)ということを解決したい。

顧客のジョブを文章で表現できたら、次はジョブスペックを整理します。ジョブスペックは、顧客が望む顧客体験を文章で示したものです。通勤中の退屈な運転に対して、チョコレートやバナナも一度は雇用されました。しかし、その際、手がベトベトして運転の妨げになっています。顧客としては、「運転しながらでも食べることができる」という顧客体験が大切なのです。

以下、「ミルクシェイクのジレンマ」の事例でジョブスペックを分析した例です。

【ジョブスペック】
（ジョブ軸）
・食べ終わるまでに20分程度は最低必要
・運転しながらでも食べることが可能
・食べ終わった後のごみ処理が簡単
・腹持ちが良く、健康面でも最低限はクリア
（製品軸）※ジョブスペックの理解を促進するために製品軸での分析をするのも良い
・バナナ味、容量１８０ｍｌ、果汁30％

ジョブの解決策

顧客を特定して、その顧客が置かれている「特定の状況」と「成し遂げたい進歩」を見ることでジョブを定義できます。そして、顧客の障害を取り除く方法を考えながら、どのような顧客体験を提供すれば良いかを整理します。このフェーズは試行錯誤の連続で、小さく実験を繰り返しながら、ジョブの解決を見つけます。

以下、「ミルクシェイクのジレンマ」の事例でジョブの解決策を分析した例です。

> 【ジョブの解決策】
> 結果的に現在はミルクシェイクを雇用。こぼれにくい、手も汚れない、運転の妨げにならない。食べ終わるまでにある程度の時間が必要で、腹持ちも良い。そのため、通勤ルートからそれたファーストフード店までわざわざ車を向かわせ、目的買いをしている。そのため、他の商品を買うことなく、すぐに出発する。

2 ジョブ理論のフレーム活用の事例

ジョブ理論のフレーム活用を多面的に理解するために、実在する企業として、QBハウス、アトリエはるか、軒先.comを見ていきましょう。フレームを活用する際のポイントは、**あまりフレームそのものにとらわれすぎない**ことです。フレームの目的は、あくまで考え方の枠組みであり、すべてをきれいに埋めて表現することではありません。

ジョブ理論自体はシンプルな考え方ですが、これまで見てきたとおり、それぞれを紐解くと、様々な考え方が組み合わさっています。そのために、書き方や表現の仕方には、全くもって正解はありません。ジョブ理論のフレームを活用することで、自社の事業や商品において、これまで抜けていた視点や分析や考察が見えたら、それを基軸に議論を展開、あるいは深めていくことで、新たなチャンスを見出せることでしょう。

QBハウス

QBハウスは、一般のヘアサロンで提供されるシャンプー、ブロー、シェービングなどをなくし、カットに特化した理髪店を展開するヘアカット専門店です。顧客のヘアカットに要する時間は約10分間で、税込1080円（2018年10月現在）の価格でサービス提供しています。

一般的なヘアサロンでカットサービスに要する時間は、10分から15分と言われています。QBハウスはそこに注力することで、完全にヘアカットの機能のみを切り出して商品化しています。また、店内はカットに集中できる設備と動線の工夫が随所にあり、ヘアカットの技術も標準化して全国展開を実現しています。

【顧客（ペルソナ）】
42歳、会社員。昔は美容室で予約を取りカットをしていた。当時は、美容室に行くこと自体がリフレッシュであったが、40歳を境に徐々に考え方が異なってきた。仕事とプライベートをうまく両立させるため、髪を切ることはもっと合理的に考えるようになった。だからといって、ファッションやトレンドに疎いわけではない。日常的な身だしなみに過度に時間を費やすことがもったいないと思うようになったのだ。

基本的なヘアスタイルは決まっていて、かなり伸びてから一気に切るのではなく、常に一定のスタイルを維持したいと思っている。モノゴトの優先順位が明確なのだ。自分が効率化したい部分は徹底したい。一方、自分の趣味や仕事に対しては逆にあふれるばかりの時間を費やしている。


【特定の状況（前・最中・後）】

（購買前）

整髪するだけでも事前に予約をする必要があるか、床屋で待たされることが多い。たかが整髪に結構な時間を費やさなければならない。待ち時間中に自問自答しながら、時間の費やし方を見直している。

（購買中）

シャンプー、マッサージ、シェービングなど、整髪に関係しないようなことに時間を取られてしまうと感じている。さらに、自分の時間を取られた挙句、1時間に40

00円前後の金額を支払っていることに疑問を感じている。

（購買後）

丁寧な見送りを昔は喜んでいた。しかし、近年は「そのサービス自体いらないよ」と思いながら、表面上はニコニコ笑顔で会釈して店を出る。そして、また髪が伸びてくる頃に、いつもの理容室に電話で予約をすること自体が億劫だと感じていた。

【成し遂げたい進歩】

（機能的）

最低限の身だしなみを整えることに時間も費用も費やしたい

（感情的）

現在の理美容に対してどうしても合理的だと思えない部分を解消したい

（社会的）

特になし

【障害】

当時の理美容店は整髪目的であっても、フルサービスに近い形式で1時間以上の時間を費やしていた。髪型やファッションにこだわる人は美容室に行き、最新のトレンドを押さえたサービスを受ければよい。また、近所には低価格の金額で利用できる理髪店はあるのだが、常に混雑していて、そこで待つのもバカバカしい。出張先や移動先での空いた時間に身だしなみを整えられたらうれしいが、知らないお店に飛び込みで入る勇気がない。

【ジョブの定義とジョブスペック】

〔ジョブの定義〕

（移動先や空き時間）で（整髪に合理性を求める人）は（最低限の身だしなみを整える）ということを解決したい。

（ジョブ軸）

・短い時間で身だしなみを整えることにフォーカスする。
・予約なしで気軽に入れる工夫と立地条件。
・待ち時間が一目でわかる工夫を提供する。

・身だしなみにフォーカスし、それ以外の機能を排除する。

【ジョブの解決策】

機能を「身だしなみを整えること」にフォーカスして、感情的な「気分を良くする」や社会的に「オシャレに見られたい」などを排除した理容サービスを提供する。「10分の身だしなみ」をジョブとして手軽に提供する。

カットにかかる時間は10分を目安に行い、顔そり、シャンプー、ブローは提供しない。その代わりに、散髪後にエアウォッシャーという掃除機を使って頭部に残る髪の毛を取り除く。カットで使うクシは衛生面を考えて使い捨てのクシを開発。店外からでも店内の混雑状況がわかる色灯を設置する。点灯の色が緑の場合は「すぐ対応」、黄色の場合は「5分から10分待ち」、赤の場合は「15分以上待ち」と待ち時間がわかる工夫をしている。

システムユニットと呼ばれる定型化された設備と標準化されたスタッフの動線によって省スペース化を実現する。シャンプーをしないため、水回りの設備が不要で利用者一人あたりのスペースを小さくすることができ、駅構内や商業ビルの空いた小スペースを利用でき、土地代を安くする。移動先や空いた時間にヘアカットができるように全国展開。

通常、人の髪は1カ月で10~12ミリ程度伸びる。QBハウスではその分だけをカットすることで、髪型を常に一定のスタイルで経済的に維持することができる。そのため月に2回程度の来店を促す。

アトリエはるか

アトリエはるかはヘアメイク・ネイルサロンなどのサロン運営とシステム開発を行う企業です。同社が行う事業は大きく2つで、ヘアメイク・ネイルサロンなどのサロン事業と派遣事業です。

サロン事業は全国の主要都市に60店舗以上の美容サロンを展開しています。その特徴は、カット、シャンプー、カラーリングなどを一切行わない、ヘアメイクとネイルに特化した専門店の運営です。対象となる顧客は結婚式前にヘアセットしたい、結婚式の二次会の前に再びメイク直しとヘアセットしたい、ちょっとしたパーティーやデート、合コン前に短時間できれいに髪型を整えたいといったニーズを持つ女性です。

派遣事業は、アーティストを一般事業会社のマナー研修やブライダルに派遣する業務です。各種撮影（雑誌、テレビ広告）、イベント、企業PR活動や販促活動の一環としての派遣から、メイクやヘアメイクのレッスンを行う教育の場の提供などを行っています。

同社は創業者の西原良子氏の体験から生まれたビジネスです。結婚式の二次会や会社のプレゼン前、それから合コン前など、「短い時間の中でメイクや髪型を整えたい」というジョブがありました。しかし、仕事をしながらのスケジューリングでは余裕がなく、結果的に移動先でメイクや髪型を整える場所を常に探していました。しかし、そのような場が常にあるとは限りません。そこで「イベント会場近くで、メイクや髪型を整えたい」というジョブを考えて起業しています。


【顧客（ペルソナ）】

30代で企業に勤める女性社員。仕事もある程度任され、客先プレゼンで提案営業をしたり、リクルートや新入社員に対して会社説明をしたりと、人前で話す機会も結構ある。一方で、大学の同期や会社の同僚が結婚ラッシュで、結婚式の参列や2次会参加の機会が増える。仕事とプライベートを充実させようと頑張るも、どうしても仕事に追われ、イベントやパーティーに参加する直前まで時間に余裕がない。

【特定の状況（前・最中・後）】

（イベント前）

久々の19時からの女子会に向けて、午前中から仕事のスケジュールを段取りし、計画的にこなしていく。しかし、午後、上司からトラブル対応を任され、仕事の終わりが18時過ぎになる。会場に駆けつけながらも自分のメイクや髪型が気になってしまい、会場の近くのレストルームを探している。

（イベント中）

久々の女子会に話が盛り上がるも、同期や同僚や友達のファッションやメイク、髪型が気になり、なんだか負けた気分になる。

（イベント後）

次回からは、もっと余裕をもって準備をしようと決意するが、仕事も一生懸命に取り組みたいし、上司からの急な仕事の依頼も前向きにとらえて取り組んでいるため、い

第10章　ジョブ理論を実践するフレームワーク

つもと同じような感じでイベント前の余裕のなさを解消できないでいる。

【成し遂げたい進歩】
（機能的）
「イベント前の短時間でメイクと髪型を整えたい」
（感情的）
「完璧ではない状態でイベントに参加する自分が嫌」
（社会的）
「忙しくても、常にキレイにしていると周囲から思われたい」

【障害】
会場近くのレストルームでもメイクや髪型を整えることはできるが、参加者がその場にいることを気まずいと感じている。行きつけの理美容室でも同じように解決してくれるが、そこから会場まで移動する間に、何となく崩れている気がする。また、髪型やメイクだけを理美容室で整えてもらうには気が引けるし、金額も高いので経済的にも難しい。

【ジョブの定義とジョブスペック】

〔ジョブの定義〕

（ちょっとしたイベントあるいは大きな晴れ舞台の直前）で（自分のキレイを求める女性）は（イベント会場近くの立地でメイクと髪型を短時間に完璧に整えたい）ということを解決したい。

（ジョブ軸）

・短時間でメイクと髪型を専門のアーティストが仕上げる。

・キレイな状態でイベント会場まで行ける立地に出店する。

・リーズナブルと思える価格感。

【ジョブの解決策】

女性の「あったらいいな」を叶えるために、2001年2月に名古屋のセントラルパークに1号店のクイックメイクサロンをオープン。同年9月に東京進出、その後、ターミナル駅・施設への出店を加速。現在は東京、大阪、福岡を中心に全国57店舗を展開。

駅地下や駅中にヘアセット&ヘアメイクの専門店を展開して、会社での会食や女子会などのちょっとしたイベントから、友達の結婚式や二次会、企業面接、商談プレゼンなどの大きな晴れ舞台まで、メイクやヘアスタイルを自分の納得いく状態に整えられる場所を会場近くに展開する。

女性の大切な瞬間に対して、女性のキレイを最大化するのがアトリエはるかが捉えたジョブで、その解決のために短時間でリーズナブルなヘアセットとメイクアップを提供する。

軒先.com

軒先.comを運営する軒先株式会社は、誰でも簡単に店舗運営ができ、顧客の「いつか叶えたい夢」を、今すぐ叶えるようにサポートする企業です。いつか自分の店舗を持ちたい、いつかサロンを開きたい、いつか習い事の教室を開催したい。そのような夢を実現するための物理的なハードルであった空間の提供をより気軽にできる仕組みを提供しようとしています。

軒先は、「わずかなスペースでも活用されていない場所を第三者に紹介することで、価値の高い立地や場所になるのでは」という仮説をもとに、全国の空きスペースのデータベース化を進行中。そして、そのような空きスペースを時間単位で活用したい顧客に提案するサービスを提供しています。

【顧客（ペルソナ）】

〈貸し手①〉

売却予定の自社物件。売却まで9カ月しかなく、その期間はテナントを入れるにしても、9カ月間の賃貸契約は結びにくい。このまま放置して、売却まで待とうと考えている。そして、まさか時間貸し、1日貸し、1カ月の期間で、今の状態で物件を活用することができることも知らない。また、自分の物件を活用したいというニーズがあるともよもや考えていない。

〈貸し手②〉

平日の日中は、クリーニング店を営んでおり、週末や祝日は休んでいる。昔は、土日もパートを雇って開店していたが、近年、町が高齢化して土日の集客は少なくなり、平日に固定客が集まるので営業をしなくなった。休日や祝日は、町の若者が店舗のある商店街でイベントをしており、テレビでも特集されるようになった。しかし、自分のクリーニングサービスには何のメリットもないと考えていた。

〈借り手①〉

数年前に10年間勤務していた会社（金融業）をリストラの一環で退社。その頃流行していた移動販売で起業しようと考えている。２人の子ども（７歳、５歳）を育てながらリスクを背負う起業ということもあり、周囲には反対されている。しかし、その考えをあきらめることができずに日々悶々とした生活を過ごしている。

〈借り手②〉

ネットショッピングで海外の商品や地方の商品を買い付けして販売している。ウェブでの認知は高まっており、いつかリアル店舗での出店を夢見る。しかし、リアルの店舗での運営に対して不安がつきまとうため、二の足を踏んでいる。

【特定の状況（前・最中・後）】

（前）

ネットで出店したいエリアや物件を頻繁に探している。場所、価格、広さの3つが揃って、自分の経済事情にマッチした案件が見つからない。法人での出店は、敷金など何かと高額の出費がいることで不安。

（最中）

何度か近くの不動産業者に相談している。しかし、やはり理想の場所は高いし、妥協した金額の物件は立地条件がどうも合わない。

（後）

物件探しは続けているものの、なかなかスタートを切れないでいる。

【成し遂げたい進歩】

（機能的）

「自分の出店の夢を叶えたい」

（感情的）

「一度は自分で店を持ちたいが、本当にできるのか不安」

（社会的）

「どうせ無理だという周囲に対して、実際の成果を見せて、次のステップに踏み出したい」


【障害】

これまでの賃貸契約は、1年以上など、まとまった期間の契約で、仮に契約期間中に契約破棄をすると、違約金が発生していた。また、契約を結ぶ際には礼金、敷金、前家賃、仲介手数料、火災保険など、ある程度まとまったお金が必要で、「テスト的にはじめたい」「小さく実験したい」という願いをかなえることが難しかった。

また、実際に良い立地条件ではすでに空き店舗がなく、大手企業や老舗店舗が出店している。良い立地条件でのテストマーケティングは経済的な条件が揃っても物理的に探すことが困難。

発想としては、近年流行のシェアビジネスなので、ビジネスモデルのアイデアは思いついても、本業とかけ離れた事業なので、取り組むには腰が引けた。当然、本業外のことなので、そのような空きスペースを探すってやネットワークも存在しなかった。

【ジョブの定義とジョブスペック】

〔ジョブの定義〕

（理想の物件があっても高くて借りることができない状況）で（出店を夢見る人）は（気軽に出店やテストマーケティングを行いたい）ということを解決したい。

〔ジョブ軸〕

・数時間から1日単位でスペースを活用できる。
・自分では交渉せずとも、理想の場所を簡単に借りることができる。
・登録や手続きが簡単にできる。
・簡単に立地やスペースを探すことができる。

【ジョブの解決策】

空きスペースを抱える貸し手と空きスペースを活用したい借り手をネット上でマッチングする仕組みを提供。「極小スペースの仲介サービス」。

（貸し手のメリット）

空きスペースを登録することで、少額ながら収益化が可能。使用していない時間帯、空いている日だけをピンポイントに貸し出すことが可能。料金の決済や予約受付などの業務はすべて軒先に委託。基本的に融通が利くサービスのため、長期契約や建て替えが決まれば即日対応可能。登録は無料で、利用がある際にシステム利用料として35％を支払う成功報酬。随時専門チームがサポートする体制を提供。

（借り手のメリット）

数時間から1日単位で空きスペースを借りることができるので、気軽に出店やテストマーケティングを行うことが可能。全国の空きスペースを検索でき、貸し手と面倒な交渉をせずに気軽な手続きでサービスを利用できる。

おわりに

第1部「What」のパートと最後の「フレームワーク」の章だけを読んでいただければ、ジョブ理論の簡単な解説として、すっと読んでいただけたと思います。しかし、第3部「How」のパートは「顧客」「特定の状況」「成し遂げたい進歩」「障害」「組織」についてあえて多方面に掘り下げています。ここでは多くの理屈や考え方を示しているため、逆に理解が難しくなったという方もいるのではないでしょうか。

ジョブ自体の概念は非常に単純であり、誰でも思いつく、当たり前のことだと思います。しかし、その当たり前のことをいざ実際の仕事に当てはめて実現しようとすると、すぐに手が止まってしまうものです。

子どもの頃、ジャッキー・チェンの映画が好きでよく見ていました。ジャッキー演じる弱々しい主人公（＝顧客）は、何かの理由（＝特定の状況）で敵を倒す（＝成し遂げたい進歩）必要に迫られます。そして、たまたま出会った師匠からカンフーの奥義を会得するまでの紆余曲折が描かれていきます。そして、いざ敵を倒したとき、その奥義は極めてシンプルで簡単な表現でした。当時の私は、なぜ主人公が奥義を会得できたのかがわかりませんでしたが、今では何となく理解できるような気がします。

現場で起こった様々な事例を自分の頭で考えて実践してきた場合、成功や失敗の原因を自分の言葉で表現できる人とできない人がいます。前者は、自分のことを整理することができるので、自分が行った取り組みを自分以外の第三者と共有できる可能性が広がります。しかし後者の人は、なぜ自分ができているのかも言語化できない状況ですので、再現性がなく、第三者も共有することができません。

理論や理屈は、そんなときに、すごく短い概念や言葉で的を射た表現と順番で整理しています。苦労して一生懸命取り組んでいる場合、そのような概念や言葉に出会うと自分が行ってきたことを瞬時に整理できて、次からの再現性が高まる確信を得ることができます。ジャッキー・チェン演じる映画の主人公も厳しい修行をしたからこそ、短い言葉で書かれた極意が理解できたのではないかと思います。

シンプルな言葉や理論を使うには、その背景や関連性のある考え方をたくさん知っていることも大切だと思います。本書を読みながら、顧客のジョブを考えはじめると、様々な視点が理解でき、ヒントがたくさん出てくると思います。しかし、次のステップに進もうとすると、その明るい状況から一転、急に何が何だかわからなくなります。そんなときはまた、ジョブの基本に戻って試行錯誤して取り組みましょう。その過程を繰り返すことで、企業のソリューションができ、顧客に継続的に喜ばれる取り組みに昇華するのだと思います。

したがって、ジョブの定義は実は複雑で多面的です。だからクリステンセンのジョブ理論はあえてストーリーが多く、定性が多く、「意図的に図表まではずしているのでは？」と考えてしまうほどです。ある人のジョブを完全に満たすためには、単なるプロダクトの提供だけではなく、その前後にある様々な状況を把握して対応する必要があります。そして、そこで生み出された考えやアイデアをその都度統合して、企業は複合的な解決策を提供しなければいけないのです。

オーソドックスなマーケティングの理論はSTPと4Pです。ターゲットとセグメントを特定して、自社の提供価値を明らかにする。そして、それらを実現するための商品コンセプト、価格コンセプト、流通コンセプト、販促コンセプトを提供する。これらの流れは双方向で、部分最適ではなく、それぞれが全体として意味を持つことが大切です。そのように捉えると、やはり複雑で実は多面的な取り組みです。現在流通しているマーケティングのフレームワークは、非常に簡単で表面的なものですが、実際に深掘りしてSTPと4Pを捉えていくと、ジョブ理論に通じる部分がたくさんあります。1つの理論を理解するために、他の理論や考え方、事例をたくさん理解する。当然理解度は深まりますが、習得にはまたはるかに長い時間がかかってしまう。物事はきっとそのようなものなのでしょう。

筆者がジョブ理論で面白味を感じるのが、「ジョブは発見であり、つくり出すものではない」という概念です。一方で、ジョブそのものは長い間変化していなくても、時代背景や技術革新によってその解決方法は大幅に変わります。喫煙者にとってのタバコは機能的にはニコチンの摂取でしょうが、同時にリラックスと考える側面もあります。感情的に自分がスカッとしたいからという目的であれば、タバコの代替品は清涼飲料やフリスクなどの菓子にもなり得ます。あるいは、集中力が切れたときに一時的に現実逃避するツールと捉えれば、タバコの代替品はフェイスブックやインスタグラムなどのSNSとも考えられます。昔のヤンキーは、タバコを吸うことで社会からはみ出していることを明示できたかもしれませんが、電子タバコをふかすヤンキーはなんだか誠実そうです。解決方法は時とともに変わるので、二番煎じで他社の商品を模倣してつくって顧客に提供する企業は、ジョブなどを見ないため、やっぱり世の中から置いていかれるのも理解できます。

理屈や理論は物事をシンプルに捉え単純化します。しかし、顧客が成し遂げたい状況や状態は、シンプルに表現することが難しいです。昔のセグメンテーション分析のようにある側面や属性のつなぎ合わせで理解していては、断片を捉えた分析になってしまいます。そこに断片で捉えるのではなく、ストーリーとして全体を見ていくことが大切です。これを「文脈」と言ってしまえば、わかる人は理解でき、わからない人は理解できなくなるのかもしれませんが、両方が重要なのだと思います。

具体で考えたら、抽象で捉えてみる。モノゴトが抽象的であれば、自分がわかる距離感まで近づき、ものごとを細分化して捉えてみる。どちらが正しいかと言えば、どちらも正しくて、物事はひとつなのでしょう。データの部分でも出てきましたが、一部と全体。メリットとデメリット。

ジョブは昔から言われていたモノの見方の真理を「ジョブ」という言葉で置き換えただけなのでしょう。しかし、それはすごいことです。一度、「ジョブ」という概念を定義すると、「ジョブのレンズを通して」と表現することで、これまでの行動や行いを見直して、違う視点から考え直すことができます。確かに、ジョブ理論のレンズを通して物事を観察することで、あるカテゴリーに限定された狭い空間の競合が定義しにくくなって、見る領域が広がります。今のネットフリックスの競合は他のビデオ配給会社ではなく、リラックスとなるかもしれません。そしたら先に出たタバコがまた代替品になる可能性は十分にあります。範囲をどこまで広げるかはセンスという部分もありそうです。

ここ十数年、マーケティングの世界では「モノからコトへの転換」という概念がかなり提唱されていました。ジョブは、モノをコトに切り替えるために正面から切り込んだ理論だと思います。コトに相当する概念がジョブなのです。

ＭＢＡで学んだときに読んだマーケティングの教科書に鉄道会社の事例がありました。かつて鉄道会社は顧客がA地点からB地点へ移動する手段を提供していると理解して莫大な利益を上げていましたが、「自由に動く」という部分に投資する活動をしなかった結果、自動車業界に主役の座を明け渡してしまいました。

今、同じ現象が自動車業界に起きつつあります。自らのジョブを「移動手段の提供」と定義している企業は早晩なくなるでしょう。「移動におけるサービスを提供している」と捉えれば、損保業界も、ガソリンスタンド業界も、レンタカー業界も、駐車場業界も自分たちの組織のあり方がまったく変わってくるでしょう。

企業は、顧客が片づけるべきジョブを、その複雑な様相を含めて理解していく努力をつづける必要があると思います。そして特定の顧客に対して、ジョブを解決するために、顧客が求める体験を理論化して提供する。その活動を常に検証しながらもブラッシュアップする。さらには進歩を阻む障害を顧客が乗り越える手助けをしなければならないのです。これらによって、ようやく競争優位を手に入れることができます。

そして、その方法論には限られた「正しい方法」があるわけではなく、他のマーケティング戦略同様、分析に分析を重ねて一つひとつの仮説を検証していくしか方法はないでしょう。

ただし、顧客のジョブを分析するにあたっては、これまで自社が集めてきたデータや調査結果をあきらめる必要はなく、それらを重要な知見を見出すための出発点とすることができます。クリステンセンが述べているように「問題は道具にあるのではなく、何を探し、観察した結果をどうつなぎ合わせるかのほうにある」のです。

最後になりましたが、本書の執筆にあたり編集担当の田所陽一氏には大変お世話になりました。この場をお借りしてお礼を申し上げます。

また、本書には、筆者が主宰する「未来社長塾」の塾生たちとのオンライン・ディスカッションの内容をヒントに整理したアイデアも含まれています。塾生の方々にはいつも積極的な議論をしていただき、感謝しています。

さらに、弊社とコンサルティング契約を結んでいただいている経営者や幹部社員のみなさまとの日々の議論からも多くのヒントをいただいています。そして筆者が講師を務める企業研修やワークショップでも、実事例を用いてジョブ理論を深める議論を繰り返し実施させていただいています。ここにすべての企業名やお名前を記載することはかないませんが、この場をお借りしてお礼を申し上げます。

そして、いつも仕事とプライベートの両面からサポートしてくれている妻・怜美子と二人の息子・陸と仁にこの本を捧げます。

2018年10月吉日　早嶋聡史

参考文献

『ジョブ理論　イノベーションを予測可能にする消費のメカニズム』（クレイトン・Ｍ・クリステンセン他著　依田光江訳）ハーパーコリンズ・ジャパン

『増補改訂版　イノベーションのジレンマ　技術革新が巨大企業を滅ぼすとき』（クレイトン・Ｍ・クリステンセン著　玉田俊平太監修　伊豆原弓訳）翔泳社

『イノベーションへの解　利益ある成長に向けて』（クレイトン・Ｍ・クリステンセン他著　玉田俊平太監修　櫻井祐子訳）翔泳社

『マーケティングの教科書』（ＤＩＡＭＯＮＤハーバード・ビジネス・レビュー訳）ダイヤモンド社

『マーケティング・イマジネーション』（セオドア・レビット他著　土岐坤訳）ダイヤモンド社

『現代の経営』（ピーター・ドラッカー著　上田惇生訳）ダイヤモンド社

『競争優位の戦略』（マイケル・ポーター著　土岐坤訳）ダイヤモンド社

『ビジョナリー・カンパニー４　自分の意志で偉大になる』（ジム・コリンズ他著　牧野洋訳）日経ＢＰ社

『ブランド価値を高めるコンタクトポイント戦略』（スコット・Ｍ・デイビス他著　電通ブランド・クリエーション・センター訳）ダイヤモンド社

『ブルー・オーシャン戦略　競争のない世界を創造する』（Ｗ・チャン・キム他著　有賀裕子訳）ランダムハウス講談社

『ペルソナ戦略　マーケティング、製品開発、デザインを顧客志向にする』（ジョン・S・プルーイット著　秋本芳伸訳）ダイヤモンド社
『イノベーションの普及』（エベレット・ロジャーズ著　三藤利雄訳）翔泳社
『キャズム』（ジェフリー・ムーア著　川又政治訳）翔泳社
『ファスト&スロー　あなたの意思はどのように決まるか？』（ダニエル・カーネマン著　村井章子訳）早川書房
『ビジネススクールでは学べない世界最先端の経営学』（入山章栄著）日経BP社
『世界最先端のマーケティング　顧客とつながる企業のチャネルシフト戦略』（奥谷孝司・岩井琢磨著）日経BP社
『消費者行動論』（平久保仲人著）ダイヤモンド社
『ビジネスモデル思考法　ストーリーで読む「儲ける仕組み」のつくり方』（川上昌直著）ダイヤモンド社
『ドラッカーが教える実践マーケティング戦略』（早嶋聡史著）総合法令出版
『この1冊でわかる！M&A実務のプロセスとポイント』（一般財団法人日本M&Aアドバイザー協会編　大原達朗・松原良太・早嶋聡史著）中央経済社
『DIAMONハーバード・ビジネス・レビュー』2018年9月号　ダイヤモンド社
その他、本文で言及した各社のサイト

【著者紹介】

早嶋聡史（はやしま・さとし）

株式会社ビズ・ナビ＆カンパニー　代表取締役社長
株式会社ビザイン　代表取締役パートナー
一般財団法人日本M&Aアドバイザー協会　理事
Parris daCosta Hayashima K. K.　Director & Co-founder
1977年長崎県出身。九州工業大学情報工学部機械システム工学科卒業。オーストラリア・ボンド大学大学院経営学修士課程（MBA）修了。横河電機株式会社においてR&D（研究開発部門）、海外マーケティングを経験後、株式会社ビズ・ナビ＆カンパニーを設立。戦略立案を軸に中小企業の意思決定支援業務を行う。また、成長戦略や撤退戦略の手法として中小企業にもM&Aが重要になることを見越し、小規模M&Aに特化した株式会社ビザインを設立、パートナーに就任。M&Aの普及とアドバイザーの育成を目的に一般財団法人日本M&Aアドバイザー協会（JMAA）を設立し、理事に就任。その他、時計ブランド「Parris daCosta Hayashima」（パリス・ダコスタ・ハヤシマ）の共同創設者でもある。現在は、成長意欲のある経営者と対話を通じた独自のコンサルティング手法を展開。経営者の頭と心のモヤモヤをスッキリさせることを主な生業とする。
主な書著に『売上を伸ばし続けるにはワケがある　営業マネジャーの教科書』『ドラッカーが教える実践マーケティング戦略』『ドラッカーが教える問題解決のセオリー』『頭のモヤモヤをスッキリさせる思考術』（以上、総合法令出版）、『この1冊でわかる！　M&A実務のプロセスとポイント』（共著、中央経済社）などがある。

〈株式会社ビズ・ナビ＆カンパニー〉
http://www.biznavi.co.jp/
〈株式会社ビザイン〉
https://www.bizign.jp/
〈一般財団法人日本M&Aアドバイザー協会〉
http://www.jma-a.org
〈Parris daCosta Hayashima〉
https://www.parris-dacosta-hayashima.com/

実践「ジョブ理論」
ハーバード・ビジネス・スクール　クリステンセン教授
最新マーケティング理論

2018年11月21日　初版発行
2022年10月19日　2刷発行

著　者　早嶋聡史
発行者　野村直克
発行所　総合法令出版株式会社
〒103-0001　東京都中央区日本橋小伝馬町15-18
EDGE小伝馬町ビル9階
電話03-5623-5121（代）

印刷・製本　中央精版印刷株式会社

ISBN 978-4-86280-649-9
総合法令出版ホームページ　http://www.horei.com/